Moritz Kandt, Moritz Kandt

Über den Ursprung des Staatsbahnsystems der Kolonie Victoria (Australien)

Moritz Kandt, Moritz Kandt

Über den Ursprung des Staatsbahnsystems der Kolonie Victoria (Australien)

ISBN/EAN: 9783743489318

Hergestellt in Europa, USA, Kanada, Australien, Japan

Cover: Foto ©Andreas Hilbeck / pixelio.de

Manufactured and distributed by brebook publishing software (www.brebook.com)

Moritz Kandt, Moritz Kandt

Über den Ursprung des Staatsbahnsystems der Kolonie Victoria (Australien)

Über den Ursprung

des

Staatsbahnsystems der Kolonie Victoria

(Australien).

Inaugural-Dissertation

zur

Erlangung der Doctorwürde

der

Philosophischen Fakultät

der

Georg-Augusts Universität zu Göttingen

vorgelegt

von

Moritz Kandt.

Göttingen 1894.

Tag der mündlichen Prüfung:

14. Februar 1894.

Referent: Prof. Dr. Gustav Cohn.

Vorwort.

Vorliegende Dissertation bildet einen Teil einer Untersuchung über die Australische Eisenbahnpolitik, welche den Ursprung des Staatsbahnsystems der Kolonie Victoria und die Entwickelung der Eisenbahnpolitik bis zur Gegenwart behandelt. Der erste bis zum Jahre 1868 reichende, aus acht Abschnitten bestehende Teil ist der Philosophischen Fakultät der Georgs-Augusts-Universität zu Göttingen druckfertig vorgelegt worden und wird in kurzem im Druck erscheinen.

Die Anregung zu dieser Arbeit erhielt ich im Seminar des Herrn Prof. Dr. G. Cohn in Göttingen; die Materialien sammelte ich in der Kgl. Bibliothek in Berlin, dem British Museum in London, in der Bibliothek des Ministeriums der öffentlichen Arbeiten in Berlin und der Bibliothek des Royal Colonial Institute in London.

Den Herren Prof. Dr. G. Cohn in Göttingen, Geh. Ober-Regierungsrat v. d. Leyen in Berlin, J. Boose (Librarian) und S. O'Halloran (Secretary) in London spreche ich für ihre freundliche Unterstützung meinen herzlichen Dank aus.

Der Verfasser.

Inhaltsverzeichnis.

                              Seite
1. Die Kolonie Victoria, ihre wirtschaftliche und politische Entwickelung . . . . 1—18
2. Die Geschichte der Privatbahnen Victorias 1852—1868 . . 19—53

L.
Die Kolonie Victoria, ihre wirtschaftliche und politische Entwickelung.

Schon in den ersten Jahren dieses Jahrhunderts fanden verschiedene erfolglose Versuche einer Niederlassung in dem südöstlichen Theile der Kolonie Neusüdwales, dem sog. Port Philipp-Distrikt, statt. Doch erst im Jahre 1836 begann die Ansiedelung; der Gouverneur sandte einen Beamten, der als „Police Magistrate" thätig sein sollte, hin; andere Beamte und einige Soldaten folgten bald nach. —

Kurz vorher hatte eine Vereinigung mehrerer Ansiedler Tasmanias „die Port Philipp-Association" versucht, sich festzusetzen, indem sie mit Häuptlingen der Ureinwohner Kontrakte abschlossen; die englische Regierung erkannte dieselben jedoch nicht an.

Waren schon am Ende 1836 über zweihundert Personen eingewandert, so verstärkte sich der Strom der Einwanderung, als man von der Schönheit und den Reichtum des am Flusse Murray gelegenen Teile des Landes vernahm, weshalb ihm ja auch der Name „Australia Felix" von seinem Entdecker (Sir *Th. Mitchell*) gegeben war.

Bald darauf wurde der Port Philipp-Distrikt unter die Leitung eines stellvertretenden Gouverneurs (Lieutenant-Governor) gestellt, und besonders die darauf folgenden Jahre 1840—1842 sind es, in welchen grosse Schaaren von Ansiedlern einströmten.

Im Jahre 1837 besuchte der Gouverneur selbst den Distrikt und gründete an der Hobsons Bay zwei Städte, Melbourne und Williamstown. Nicht lange darauf wurde Geelong und Portland gegründet.

In diesen und wenigen anderen Städten hielt sich von Anfang an ein grosser Teil der Bevölkerung auf; das Verhältnis hat sich immer mehr zu Gunsten der städtischen Bevölkerung verschoben, und so ist heute fast die Hälfte der Einwohner Victorias in diesen Städten seshaft.[1]

Wenn auch in einigen der übrigen australischen Kolonieen die Zahl der städtischen Bevölkerung einen bedeutenden Bruchteil der Gesamtbevölkerung ausmacht,[2] so zeichnet sich doch Victoria in dieser Hinsicht vor allen aus.

„It is the Country of the Four towns, and all its institutions bear the impress of town life".[3]

Am Ende des Jahres 1842 war die Zahl der Bevölkerung auf 23 799 gestiegen; 8124 Acker Landes standen unter Kultur. Weizen und Hafer in erster Linie, Gerste, Mais, Kartoffeln in zweiter waren die Haupterzeugnisse der Landwirtschaft. Nahezu eine und eine halbe Million Schafe weidete in dem Distrikte.

In diesem Jahre erhielt Melbourne Selbstverwaltung; doch auch für eine vollständige Loslösung des Distrikts von Neusüdwales wurde schon jetzt agitiert; jetzt nahm der Distrikt an der Verwaltung nur insofern teil, als sechs Abgeordnete in dem Legislative Council sassen, der durch die Konstitution des Jahres 1842 soeben geschaffen war. Waren auch die Verwaltungskosten des Distrikts immerhin beträchtlich, so hatten die Landverkäufe doch einen so grossen Ueberschuss[4] ergeben, dass schon aus diesem Grunde das Verlangen einer Lostrennung erklärlich ist. Die Agitation für eine solche wurde immer lebhafter.

---

[1] Die Bevölkerung Victorias betrug am 31. Dezember 1891: 1 157 804 Einwohner (606 918 Männer, 550 886 Frauen). Davon lebten
in Melbourne . . . 490 902
„ Ballarat 46 033
„ Bendigo 37 238
„ Geelong . . . . 24 210.
Coghlan „A Statistical Account etc.“, Sydney 1892.

[2] In Adelaide 36,60 % der Bevölkerung von Südaustralien, in Sydney 33,61 % der Bevölkerung von Neusüdwales.

[3] *Jenks, The Government of Victoria*, p. 29. London 1891.

[4] Von 1836—1843 war ein Deficit von 32 000 Pfd. St., abgesehen von den Einnahmen aus dem Landverkauf, die einen Ueberschuss von 400 000 Pfd St. ergaben. *Jenks*, a. a. O.. p. 127.

In gleicher Weise wie bis dahin, zeigte sich in den folgenden Jahren ein beständiges Wachstum der Bevölkerung und des Wohlergehens, so dass nicht lange darnach in England der Plan der Lostrennung des Distrikts von Neusüdwales erwogen wurde. Das Resultat ist das Gesetz des Jahres 1850. „An Act for the better Government of Her Majesty's Australian Colonies," welches den Port Philipp-Distrikt von Neusüdwales trennte und zur selbständigen Kolonie, der Kolonie Victoria, umwandelte.[1]

An die Spitze derselben wurde ein Gouverneur gesetzt, dem ein Council zur Seite stand, dessen Mitglieder zu einem Drittel von der Krone ernannt, zu zwei Dritteln gewählt werden sollten.

Die Stimmberechtigung war gebunden an Grundbesitz oder Miethe von bestimmter Höhe, oder Besitz von Weidekonzession (pasturing licence).

Die Aufgabe des Council sollte sein, Gesetze zu machen: to make laws for the Peace, Welfare and good Government etc.;" seine Rechte insbesondere in Finanzangelegenheiten waren weitgehender, als die des bisherigen Council von Neusüdwales.

Mit Recht liess sich erwarten, dass diese so sehr ersehnte Massregel der Lostrennung dem Gedeihen des Distrikts von grossem Vorteil sein würde.

Die Kolonie Victoria war damals eine grosse Weide, ihr Reichtum bestand in ihren Herden.

Von den 76 162 Einwohnern lebten in Melbourne etwa 23 000; doch nur ein kleiner Teil war in der Industrie beschäftigt. Viehzucht, Ackerbau und Handel, das waren damals die Hauptberufe.

Victoria war soeben selbständig geworden, als die Goldentdeckung der Entwickelung eine ganz andere Richtung gab und einen Umschwung in allen Verhältnissen herbeiführte.

---

[1] Victoria hat einen Umfang von 87 884 engl. Quadratmeilen (beinahe so gross wie Grossbritannien: 80 644 Quadratmeilen), liegt zwischen dem 34. und 39. Grad südl. Breite, 141. und 150. Grad östl. Länge.

War der Fortschritt Victorias bis dahin schon ein rascher, so wurde er durch die Goldentdeckung beschleunigt, „No single British colony has ever enjoyed prosperity so great and so rapid as has fallen to the lot of Victoria" sagt der Geschichtsschreiber Australiens, *Anthony Trollope*.[1])

Schon nach zwei Jahren hatte sich die Bevölkerung verdoppelt, nach vier Jahren vervierfacht und im raschem Fortschritt ist Victoria die relativ bevölkertste Kolonie Australiens geworden, und ist im Begriffe auch absolut die grösste Einwohnerzahl zu erreichen.[2])

Wenn auch die Produktion des Goldes allmählich nachliess und Viele enttäuscht fortgingen, so blieb doch ein grosser Teil derjenigen, welche das Gold angelockt hatte, im Lande und wandte sich anderer Beschäftigung zu.

Auch die Wollproduktion Victorias hat im Laufe der Zeiten an Bedeutung verloren; stand die Kolonie noch im Jahre 1861 in dieser Hinsicht an erster Stelle unter den australischen Kolonien, so war sie nach zehn Jahren an zweiter, nach weiteren zehn an dritter und steht heute an vierter Stelle. Einen gewissen Ersatz gewährt die Ausfuhr von Talg und Häuten, und konserviertem Fleisch, welche einen grossen Umfang gewonnen hat.

Dagegen hat sich der Ackerbau Victorias so gehoben, dass sie heute mehr als ein Drittel des gesamten Weizens der Kolonien produziert, dass sie den anderen Kolonien voransteht in der Produktion von Gerste, Heu und nebst Neu-Seeland in Hafer, ferner in der Produktion von Milch, Butter und Käse.

Im Weinbau, in welchem erst Südaustralien an der Spitze stand, hat Victoria gleichfalls die Führung übernommen, hat die reichsten Ernten und einen grossen, sich stetig erweiternden Handel mit Europa; auch der Bau und der Export anderer Früchte mehrt sich beständig.

---

[1]) *Anthony Trollope*, „*History of Australia*", 1873. p. 375.

[2]) Am 31. Dez. 1891 hatte die bevölkertste Kolonie, Neusüdwales, 1 165 300 Einwohner. *Coghlan*. a. a. O.

Der Handel Victorias ist in allen Zweigen gewachsen¹) und Melbourne ist jetzt der wichtigste Hafen der australischen Kolonien. Das Wachstum Melbourne's war so gross, dass die Stadt oft spöttisch die Pilzstadt „the mushroom city" genannt wurde²); Sie ist die grösste Stadt Australiens geworden.

Die Verschiebung der Berufe seit der Mitte des Jahrhunderts lässt sich daraus ersehen, dass ausser den Bewohnern Melbourne's noch 200 000 in Städten wohnen, 100 000 in Bergwerken thätig sind, sodass nach Abzug von noch 132 000 Beamten nur 240 000 Einwohner für die Ackerbau und Viehzucht treibende Bevölkerung zu rechnen sind³).

War 1850 noch die Viehzucht für Victoria charakteristisch, so ist es heute ausser Ackerbau und Handel die Industrie. In immer steigendem Masse hat sich die Industrie Victorias trotz des Mangels an Kohle, welche sie aus Neusüdwales zu entnehmen hat, entwickelt; und wenn im Jahre 1850 nur 46 industrielle Anlagen vorhanden waren, so ist die Zahl auf 3137 im Jahre 1889 angewachsen. —

Wie in wirtschaftlicher Beziehung, schritt Victoria auch in anderem fort, hauptsächlich durch die Mitwirkung der Gesetzgebung. Schutzzölle — im Jahre 1861 war zuerst das Princip des Schutzzolles im Parlamente durchgedrungen — sollten der Industrie des Landes⁴), eine gute Landgesetzgebung dem Acker-

---

[1] Wie in Australien überhaupt, ist in Victoria das Bankwesen übermässig entwickelt; von 60 Banken Australiens im Jahre 1892 waren 16 in Victoria. Coghlan, a. a. O.

[2] Die Bevölkerung betrug im Jahre 1841: 4479. 1851: 23 143. 1861: 139 916, 1871: 206 780, 1881: 282 947, 1891: 490 902. Coghlan, a. a. O.

[3] Diese Zahlen bedeuten die Angehörigen der Haushaltungen. Im Jahre 1890 gab es 320 000 Männer zwischen 18 bis 60 Jahren, davon waren 24 816 Beamte. — George Ranken, „The Federal Geography of British Australia", Sydney 1891.

[4] Ueber die ähnlich wirkende Politik der Einwanderung vgl. Ch. Dilke, Problems of Greater Britain, 1890, Bd. 2, p. 315. — In dem Artikel „Dangers of Democracy" („The Westm. Review", 1868, vol. 33. p. 32) wird Victoria wegen des Schutzzolles und Verbotes freier Einwanderung getadelt und die Gesetzgebung genannt: An ignorant contempt of the best established principles of political œconomy.

bau und der Viehzucht förderlich sein; die Anlage von Eisenbahnen insbesondere die Möglichkeit einer Niederlassung schaffen[1]). Denn die wenigen in Victoria vorhandenen Flüsse waren unbedeutend, bald reissend und grosse Ueberschwemmungen verursachend, bald ausgetrocknet.

Selbst dem Klima, welches durch die häufigen Dürren in vielen Teilen der Kolonie das Land wertlos machte, wurde Trotz geboten.

Grossartige Wasserwerke haben es ermöglicht, aus wertlosem Boden reiches Land zu schaffen.[2])

In fast allen diesen Anlagen und der dieselben ins Leben rufenden Gesetzgebung ist Victoria den übrigen Kolonien vorangeeilt; doch nicht geringer als der materielle Fortschritt war der geistige. Eine Universität, und andere wissenschaftliche Anstalten wurden gegründet, insbesondere aber wurde das Volksschulwesen gepflegt[3]); seit dem Jahre 1872 besteht Schulzwang und Unentgeltlichkeit des Elementarunterrichts. „Free compulsory and secular primary education". — Der Religionsunterricht findet nicht in der Schule statt, sondern ist Sache der Kirchengemeinden; Staat und Kirche sind von einander getrennt.[4]) —

---

[1]) Von den Telegraphen sagt *Coghlan*, dass nirgendwo in der Welt so rapide Entwickelung und starke Benutzung vorhanden sei.

[2]) Bei Mildura im Swan Hill-Distrikt, der infolge Wassermangels wertlos und unbewohnt war, erhielt durch Gesetz eine Firma Chaffey Brothers 250 000 Acker Landes mit der Verpflichtung, in den ersten fünf Jahren 35 000 Pfd. St. für Bewässerungsanlagen auszugeben; sie gab wirklich 275 000 Pfd. St. aus in 4 Jahren, wodurch 40 000 Acker anbaufähig wurden; ausserdem hat sie noch 100 000 Pfd. St. für das Land selbst ausgegeben, 3 000 Einwohner wohnen jetzt dort (vgl. *Coghlan*, a. a. O.). Ausser dieser privaten Thätigkeit unternimmt, wo nötig, der Staat die Werke selbst oder unterstützt die Distrikte. Vgl. darüber *Charles Dilke*, vol. I, p. 204—212.

[3]) Die Universität wurde 1855 gegründet. Die öffentliche Bibliothek in Melbourne hatte 1878 84 650 vol. (*E. Avalle, „Notices sur les Colonies Anglaises"*, Paris 1890). Staatsschulen gab es 1890 2 170, etwa 15% der Bevölkerung sind Schüler.

[4]) Seit 1875.

Die meisten der diese Fortschritte befördernden Gesetze wurden zu einer Zeit erlassen, wo bereits der letzte bedeutende Wechsel im politischen Leben Victorias stattgefunden hatte. Denn schon vier Jahre nach der Goldentdeckung wurde Victoria die neue Verfassung gegeben, das sogenannte „Responsible Government", welche in allem wesentlichen noch heute besteht[1]). —

Mit den damals geschaffenen politischen Institutionen Victorias, den Organen der Gesetzgebung und Verwaltung, müssen wir genauer bekannt sein, um die Entwickelung der Gesetzgebung selbst verstehen zu können. —

An anderer Stelle haben wir bereits den Zusammenhang der australischen Kolonieen mit dem Mutterlande geschildert; er ist mit Recht ein „goldenes Band" genannt worden.

Der Gouverneur ist es, welcher den Zusammenhang vermittelt; von der Königin ernannt, darf er von ihr nach Belieben abberufen werden („holds office during Her Majesty's pleasure").

Er ist oberster Befehlshaber der Truppen, hat das Recht der Begnadigung und der Anstellung der Beamten. Jedoch sind seine Machtbefugnisse nicht sehr gross; er wird beschränkt durch den Council oder Cabinet[2]).

Wie in England selbst, so besteht in den australischen Kolonieen Parteiregiment; die konservative oder liberale Partei führt zeitweilig das Regiment, mitunter finden freilich bei annähernd gleicher Stärke Koalitionen statt.

Die konservative Partei vertrat stets — so darf man wohl sagen — die agrarischen, aristokratischen Interessen, und daraus ergiebt sich die Stellungnahme zu den einzelnen Fragen; sie ist z. B. freihändlerisch gesinnt, gegen Erweiterung des Stimmrechts u. s. w. Die liberale Partei ist demokratisch, daher schutzzöllnerisch, für Schulzwang und Aufhebung des Schulgeldes, Ausdehnung des Stimmrechts, auch auf Frauen. —

Die Demokratie hat, wie oben angedeutet, die meisten ihrer Forderungen durchgesetzt und ist mehr und mehr zur Herr-

---

[1]) Proclamation der Constitution 23. Nov. 1855.
[2]) Vgl. *Gneist*, „*Das englische Verwaltungsrecht etc.*", 1883, § 48, 49.

schaft gekommen; die Gesetzgebung hat dadurch ihr Gepräge erhalten. Denn das Cabinet, welches die eigentliche Regierung ist und mit dem Gouverneur zusammen als „Governor-in-Council" bezeichnet wird, ist nichts weiter, als ein Komitee der gerade herrschenden Partei. —

Das geschriebene Gesetz sagt zwar, dass der Gouverneur das Recht hat, Minister einzusetzen, im Maximum zehn an der Zahl, welche Mitglieder des Executive Council und von denen mindestens vier auch Mitglieder des Parlaments sein müssen, doch wie in England selbst, herrscht nicht das geschriebene Gesetz, sondern die thatsächlichen Verhältnisse sind folgende:

Ein Minister, mitunter der Premier genannt, wird von dem Gouverneur mit der Bildung des Ministeriums, des „Cabinet", beauftragt.

Ergiebt sich im Verlaufe der Zeit, sei es durch die Abstimmungen des Parlaments in Fragen der Regierungspolitik oder ein direktes Misstrauensvotum, oder über den Ausfall der Wahlen zum Parlament, dass die Regierung im Parlamente keine Majorität hat, so steht das Ministerium vor der Wahl, zu demissioniren, oder vom Gouverneur Auflösung des Parlaments zu verlangen; je nach den Umständen geschieht das eine oder andere.

Unterliegt das Ministerium, so wird aus Mitgliedern der bisherigen Opposition das neue Cabinet gebildet. Diesem liegt es dann ob, Gesetzesvorschläge im Parlamente zu bringen oder aus der Mitte des Parlaments eingebrachte Gesetzesvorschläge zu unterstützen oder zu bekämpfen. Das Cabinet steht zu gleicher Zeit an der Spitze der Verwaltung, der Exekutive. —

Die guten Folgen dieses Systems bestehen darin, dass eine grosse Anzahl Parlamentarier Gelegenheit hat, an der Verwaltung Teil zu nehmen und fähiger und damit gerechter zu werden in der Beurteilung der Regierungsthätigkeit[1]). —

---

[1]) Vgl. eine beachtenswerthe Schilderung der Parlamentarier von einem Gegner der Demokratie in dem Artikel *„Democratic Government in Victoria"* („The Westminster Review". 1868. vol. 33. p. 496 ff.).

Die Schattenseiten desselben bestehen darin, dass mitunter tüchtige Beamte von herrschsüchtigen und dilettantenhaft experimentirenden Ministern beiseite geschoben werden, und der häufige Mangel einer einheitlichen Regierung. Um diese Missstände zu beseitigen, ist das System, wie wir später sehen werden, teilweise durchbrochen worden. —

Auch wird ein Gegengewicht gegen das Parteiregiment gebildet durch das Beamtentum. —

Denn da die Ministerien in Victoria von Anfang an sehr schnell, fast jährlich wechselten, so ergiebt sich daraus ein natürliches Uebergewicht der Beamten, besonders in allen Ressorts, in denen eine genaue Sachkenntnis erforderlich ist.

Die Namen der einzelnen Ministerien wechseln häufig; ein Minister hat öfters zwei Ministerien; doch besteht die Bestimmung, dass er nur das Gehalt des einen beziehen darf.[1]

Das Parlament hat zwei Bestandteile, das Oberhaus (Legislative Council) und das Unterhaus (Legislative Assembly).

Das Oberhaus hat im allgemeinen die Rechte des Unterhauses; nur sind seine Machtbefugnisse ausdrücklich in Finanzangelegenheiten beschränkt. Es darf daher an gewissen Gesetzesvorschlägen[2] keine Änderungen vornehmen, hat jedoch das Recht, solche Bills im Ganzen zu verwerfen.

Diese Bestimmung hat oft zu Konflikten zwischen beiden Häusern Anlass gegeben wegen der Schwierigkeit, die genauen Grenzen zu ziehen.

---

[1] Die Aemter des Chief Secretary, Attorney-General, Minister of Justice, Treasurer, Minister of Lands, Minister of Mines, Minister of Public Works, Minister of Railways and Roads, Minister of Trade and Customs, Minister of Public Instruction, Minister of Agriculture, Water Supply, Postmaster-General sind die gewöhnlichen Ministerien, welche in verschiedenen Combinationen zusammen an die einzelnen Mitglieder des Kabinets verteilt werden.

[2] „All Bills for appropriating any Part of the Revenue of Victoria and for imposing any Duty, Rate, Tax, Rent, Return or Impost," shall originate in the Assembly, und may be rejected but not altered by the Council". lautet § 56 der Constitution Act.

Während das Wahlrecht für den Council — mit gewissen Ausnahmen — auf die wohlhabende Bevölkerung beschränkt ist, ist für das Unterhaus jeder Grossjährige (über 21 Jahr alt) wahlberechtigt.

Die Radikalen Victorias, die in dem Council die einseitige Vertretung des Kapitals sehen, wollen Abschaffung desselben; es würde dies jedoch eine bedenkliche Massregel sein; wir werden wenigstens sehen, dass gerade in der Frage der Eisenbahnpolitik der Council der Aufgabe, welche jedes Oberhaus erfüllen soll, nämlich eine voreilige Gesetzgebung zu verhüten, gerecht geworden ist.

Man mag daher seine ohnehin nicht zu grossen Rechte einschränken; eine völlige Aufhebung dürfte sich rächen, falls nicht andere Garantieen für Herstellung einer besonnenen Politik geschaffen werden.

Denn im ganzen und grossen ruht ja die eigentliche Herrschaft des Landes schon jetzt bei der Legislative Assembly.

Die Formen, in denen sich die Gesetzgebung vollzieht, sind den englischen nachgeahmt.

Wie dort passiert ein Gesetzesvorschlag (Public Bill, Private Bill) gewöhnlich anstandslos die erste Lesung. Bei der zweiten Lesung findet der Kampf um das Prinzip der Bill statt. Ist er zu Gunsten derselben entschieden, so findet die Spezialberatung statt (house goes into committee) nach deren Erledigung alles weitere mehr Förmlichkeiten sind. (Bill reported, Third Reading etc.)

Dieselben zahlreichen Mittel, wie sie in England zur Verfügung stehen, um eine Bill zu Fall zu bringen, werden auch in Victoria angewandt.

Bei allen wichtigeren Gesetzesvorschlägen wird die Bill, wie in England, einem Ausschusse (Select Committee) übergeben, nach dessen Berichterstattung die weitere parlamentarische Behandlung stattfindet.

Oft findet jedoch die Voruntersuchung einer Frage durch eine vom Gouverneur eingesetzte Enquête-Kommission (Royal-Commission) statt.

Hat eine Bill die Assembly passiert, so wird sie an den Council geschickt. Dieser hat, wie oben gesagt, mit gewissen Ausnahmen das Recht, im einzelnen Zusätze zu machen oder Streichungen vorzunehmen, also das Recht, sie zu amendieren.

Findet zwischen Assembly und Council keine Einigung statt, und will die Regierung trotzdem nicht auf die Bill verzichten, so wird ein Komitee aus Mitgliedern beider Häuser eingesetzt, welches gewöhnlich die Einigung herbeiführt.[1]

Ausser der Macht der Gesetzgebung hat das Parlament noch einen sehr weitgehenden Einfluss auf die Verwaltung durch das Recht der Fragestellung (question) an die Minister und das Recht, Auskunft (return to order) zu verlangen über irgend welche Details der Verwaltung. Im übrigen aber ist die Verwaltung Sache des Executive Council, oder wie es genannt wird, da der Gouverneur an der Spitze der Executive steht, des Governor-in-Council.

Der Gouverneur hat, wie oben bemerkt, die Anstellung der Beamten zu vollziehen. Doch hat er nur das Recht der Anstellung der Minister, während die übrige „Patronage" bei dem Cabinet ruht, d. h. das Recht der Anstellung und Entlassung von Beamten; während in der ersten Zeit dieses Recht so weit ging, dass sofort alle Beamten entlassen werden konnten und die Zustände Victorias mitunter den amerikanischen ähnlich waren[2]), so ist durch Gesetzgebung eine Änderung eingetreten; es wird an anderer Stelle geschildert werden, dass es gerade die Eisenbahnpolitik war, welche diesen Wechsel verursachte.

Im Jahre 1883, zuletzt im Jahre 1890, ist durch die Gesetzgebung jede Willkür oder Rücksichtnahme auf die politische Stellung in der Berufung, Beförderung und Entlassung von Beamten ausgeschlossen. Die Folgen dieser Verhältnisse sind nach

---

[1]) Mitunter kommt es jedoch zum Konflikt „dead-lock", so im Jahre 1866. Vgl. *Todd, Parliamentary Government in the British Colonies*, Boston 1880.

[2]) Im Juli 1872 wurde ein Ministerium wegen Missbrauchs der Patronage gestürzt. Vgl. *Anthony Trollope*, a. a. O. *Dale* „*Impressions*" etc.. 1889.

Ansicht von *Edward Jenks*[1]), dass das Parteiregiment in Victoria eines natürlichen Todes stirbt.

Ausser dem Executive Council sind insbesondere durch Gesetz geschaffene Ämter, denen bestimmte Verwaltungsaufgaben und das oft weitgehende Recht, Statuten „by-laws" zu machen, zufallen. So werden wir Gelegenheit haben, das Amt des „Board of Land and Works" kennen zu lernen, welches die Strassen und Brücken, und eine Zeit lang die Eisenbahnen zu verwalten hatte, bis 1883 das Board of Railway Commissioners dieselben übernahm; ein anderes Amt ist das „Public Service Board" 1883, das „Board of Public Health" 1890 geschaffen.

Während das Board of Land and Works dem Cabinet unterstand, so ist das der Railway Commissioners und des Public Service Board unpolitisch, ein „non-political board" d. h. es steht direkt unter dem Gouverneur. An anderer Stelle werden wir näher darauf einzugehen haben; es ist die Einrichtung der nonpolitical boards ein Experiment, welches zuerst in Victoria gemacht und von den anderen Kolonien nachgeahmt worden ist.

Diese Einrichtungen schaffen Victoria einen tüchtigen vom Wechsel der Regierungen unabhängigen Beamtenstand.

„The Civil Service which was at one time a byword, is now a credit to the colony, and nothing can exceed the average capacity, industry, and trust-worthiness of its public servants"[2]).

---

[1]) *E. Jenks*, a. a. O., p. 274: „In America the famous „Spoils" system makes every official, down to the bow oar of the pilot's boat, a keen partisan and a determined supporter of the Government. He knows that if his party is defeated he must lose his post, and he will strain every nerve to prevent defeat. In Victoria the holders of official positions at least the younger members of the service, are largely indifferent to the rise and fall of Governments. One very obvious result of the fact is that the party system is dying a natural death in Victoria."

[2]) *Charles Dilke*, a. a. O., vol. 1, p. 200. — The strong bureaucratic tendency of the Victorian Public Service Act of 1890 cannot fail to be noticed by the most casual reader. The tenure of the civil officers is practically for life; they may be removed only after an investigation in which the accused may be represented by councel; they may not be engaged in any other occupation etc. etc. („Political Science Quarterly", vol. VII Nr. 1. March 1892.)

Nur langsam folgte der Entwickelung der zentralen Verwaltung die Selbstverwaltung kleinerer Verbände, das „Self Government" oder „Local Government." In Victoria hat es daher stets nur jene wahre Selbstverwaltung gegeben, bei welcher der Zusammenhang mit der zentralen Verwaltung gewahrt bleibt.[1])

An anderer Stelle ist der im Jahre 1842 gemachte Versuch erwähnt worden, in Australien Selbstverwaltungskörper „District Councils" mit weitgehenden Befugnissen zu schaffen, ein Versuch, der bei der geringen Dichtigkeit der Bevölkerung und dem wenig sesshaften Charakter derselben scheiterte.

Allerdings trug dazu auch die sehr unpopuläre Bestimmung bei, dass die Distrikte die Hälfte der Polizeikosten der Kolonie tragen sollten. Selbstverwaltung hatten daher damals nur die Städte Melbourne und Geelong.

Als Victoria von Neusüdwales getrennt wurde, wurde die Frage sofort in Angriff genommen. Nach zwei Richtungen hin geschahen Schritte; das Gesetz des Jahres 1854 „An Act for the Establishment of Municipal Corporations" ermöglichte es Stadtbezirken, das Recht der Selbstverwaltung zu erlangen, das Gesetz des Jahres 1852 „An Act for making and improving Roads in the Colony of Victoria" schuf den Anfang der Selbstverwaltung für das Land. Es schuf ein Central Road Board, welches direkt unter dem Gouverneur stehen sollte und die Hauptstrassen (main roads) zu bauen und zu verwalten hatte und District Road Boards, die für die Nebenstrassen „parish and cross roads" zu sorgen hatten.

Dieses Gesetz bewährte sich gut; aus diesen District Road Boards gingen im Jahre 1869 die „Shires" hervor, welchen erweiterte Rechte verliehen wurden. Auch wurden Anordnungen getroffen, dass unter gewissen Bedingungen neue Shires gegründet werden konnten, und die Gründung solcher erleichtert durch die Bestimmung, dass die Regierung während der ersten fünf Jahre die Shires finanziell zu unterstützen hatte.

---

[1]) Vgl. *Charles Dilke*, „*Local Government and Taxation*". London 1875.

In demselben Jahre wurde durch ein anderes Gesetz die Selbstverwaltung der Städte gefördert. Der Name der Stadtbezirke lautete seit dem Jahre 1863 „Borough" mit Unterabtheilungen „wards" oder „ridings." Das Gesetz des Jahres 1869 traf Bestimmungen über die Rechte und Pflichten, das Wahlrecht, Zahl der „Councillors", und gab dem Vorsitzenden den Titel „Mayor".

Im Jahre 1874 wurden die verschiedenen Gesetze zusammengezogen in dem Gesetz „Local Government Act", welches im Jahre 1890 amendirt wurde. Die Entwickelung der boroughs und shires war rasch vor sich gegangen; fast überall sind jetzt solche vorhanden.[1]) Boroughs, die eine Roheinnahme von mehr als 10 000 Pfund Sterling haben, dürfen den Titel „towns" führen und falls sie mehr als 20 000 Pfund Sterling haben „city" und haben erweiterte Befugnisse für Aufnahme von Anleihen.

Ueber die Grösse der boroughs besteht die Bestimmung, dass sie nicht mehr als 9 square miles Ausdehnung haben dürfen. Die boroughs und shires heissen „municipality"; an der Spitze steht der „Council". Den Selbstverwaltungskörpern ist das Recht der Gesetzgebung (by-laws, regulations and joint regulations) gegeben. —

Ausser den boroughs und shires sind noch zu erwähnen die Mining District Boards, welche die Angelegenheiten der Goldgräber verwalten.

Die Beamten des Municipal Council, welche dieser selbst wählt, sind folgende: Der Vorsitzende, (des borough „Mayor" des „shire" „President"), der für ein Jahr gewählt wird, der „Treasurer", der die Verwaltung der Gelder hat, der Municipal Clerk („town Clerk" oder „shire secretary"), ferner der Surveyor.

Die Wähler selbst und die Regierung wählen „Auditors", welche die Verwaltung zu controlieren haben.

Alle Beamten müssen von der Regierung Bestätigung erhalten, der Stadtbaumeister „Surveyor" ein Zeugniss als „Sur-

---

[1]) „57 Boroughs 132 Shires im Jahre 1890", Jenks, a. a. O., p. 329.

veyor of Land an Works" von einer bestimmten Behörde „Municipal Surveyor's Board" besitzen.

Die Beamten der Mining Districte werden von der Regierung eingesetzt und besoldet. — Geht hieraus schon eine grosse Abhängigkeit der Selbstverwaltungskörper von der Regierung hervor, so ist dieselbe noch grösser durch die Beiträge, welche fast allen municipalities gegeben werden. Eine Selbstverwaltung in der Rechtsprechung und Polizei besteht in Victoria nicht, jeder Richter, jeder Polizeibeamte ist Beamter der Regierung.

Nachdem wir die Formen der Verfassung und Verwaltung Victorias kennen gelernt haben, ist es geboten, auch auf den Inhalt der Gesetzgebung über die wichtigsten Angelegenheiten einzugehen. —

In der Landgesetzgebung, die ja übrigens schon eine gewisse wissenschaftliche Behandlung gefunden hat, ist Victoria weniger interessant, als die Kolonie Neu-Seeland, wo insbesondere die Ideen von Henry George weite Verbreitung und Einfluss gewonnen haben[1]).

In der Arbeiterschutzgesetzgebung, welche bereits in den Details bekannt ist, ist dagegen Viktoria den übrigen Kolonien vorbildlich gewesen.

Der achtstündige Arbeitstag ist zuerst in Victoria durch Gesetz für Fabrikarbeiterinnen 1874, für Grubenarbeiter 1877 festgestellt, 1885 auf alle Frauen (women in any factory or workroom) ausgedehnt, sowie Knaben unter 16 Jahren; für Angestellte von Pferdebahngesellschaften, für die Staatsbeamten und Kommunalbeamten sei es durch Gesetz, sei es auf dem Wege der Verwaltung.

Inspektoren mit weitgehenden Befugnissen wurden eingesetzt, um die Gesetze wirkungsvoll werden zu lassen.

Ueber den Schluss der Geschäfte wurde 1885 bestimmt, dass an Wochentagen um 7 Uhr, am Sonnabend um 10 Uhr alle Geschäfte geschlossen werden müssen, es sei denn, dass die

---

[1]) Vgl. *St. Bauer*, Jahrbücher für Nat. und Statist. 1891, p. 684.

Majorität von Ladeninhabern in einer bestimmten Branche an den Town Council für Ausnahme von dem Gesetze petitionierten.

Die Festsetzung der Strafen blieb — und dies war ein Mangel des Gesetzes[1]) — den Municipal Councils überlassen. Trotzdem soll es günstig gewirkt und den frühen Schluss vieler Geschäfte zur Folge gehabt haben.

Auch auf andern Gebieten zeigt sich der demokratische Charakter Victorias. So erwähnt z. B. Charles Dilke[2]) die in Victoria bestehende mit der Höhe der Erbschaft von $1-10\%$ steigende Erbschaftssteuer (sucession duty), wie sie in Europa nur in einigen schweizer Kantonen besteht.[3])

Ehe wir mit diesen Betrachtungen abschliessen und uns dem speziellen Gegenstande der Gesetzgebung, der Eisenbahnpolitik Victorias, zuwenden, muss noch erwähnt werden, dass die Vorliebe für Staatshilfe in den australischen Kolonien keineswegs die Bestrebungen der Einzelnen lähmt, sich durch eigene Kraft oder durch genossenschaftliche Verbindung zu helfen; im Gegenteil sind z. B. die Gewerkvereine (Trade Unions) stärker als irgendwo und haben vielen Arbeitern auch ohne Gesetz hohe Löhne und den Achtstundentag erkämpft.[4])

Auch hieran war Victoria allen Kolonien voran. Seit dem Jahre 1856, in welchem die Bauhandwerker Victorias den Achtstundentag erkämpften, gilt der Tag des Sieges, jetzt „Eight Hours Day" genannt, als allgemeiner Feiertag.[5]) —

---

[1]) *St. Bauer*, a. a. O., p. 663, 664, 665. — *Ch. Dilke*, v. 1, p. 251, — *S. Webb*, „The eight hours day", London 1891, p. 43.

[2]) Dieser Angabe *Dilkes* steht eine andere gegenüber, nach der die „Succession duty" nur Vermögen über 20 000 Pfd. St. mit $5-10\%$ trifft. *Stephan Bauer*, a. a. O., p. 525). — A. a. O., vol. 1, p. 192.

[3]) Solothurn, Thurgau, Zürich, Bern. — Vgl. *G. Cohn*, „Syst. der Nationalök.", vol. 2. p. 474. *Schoenberg*, „Handb der politischen Oekonomie", Bd. 3, p. 525.

[4]) *G. v. Schulze-Gaevernitz:* „In keinem Lande der Welt ist die Organisation der Arbeit so weit fortgeschritten, wie in Australien." Art. „Gewerkvereine" im Handw. der Staatswissensch. Bd. 4. Jena 1892.

[5]) Sämtliche Gewerkvereine pflegen an diesem Tage in feierlichem Zuge mit entfalteten Bannern die Stadt zu durchziehen; an dem sich daran schliessenden Feste nehmen die höchsten Behörden, sowie der

So sehen wir in Victoria ein Land, welches wegen der verhältnismässig glücklichen Lage seiner Bevölkerung mit Recht den Namen „Australia Felix" verdient.[1])

Ob sie denselben auch fernerhin wird behalten dürfen? Dies hängt davon ab, ob diejenigen Recht behalten werden, welche glauben, dass der Mob sich immer mehr vordrängen und die Herrschaft an sich reissen wird,[2]) oder diejenigen, welche glauben, dass die zur Herrschaft gelangte Arbeiterschaft es in weiser Ausübung ihrer Macht verhindern wird[3]) und ob der Versuch des letzten Jahrzehnts, einen vom Parteiregiment unabhängigen Beamtenstand zu schaffen, von Erfolg gekrönt sein wird. Denn wenn dies Victoria auf die Dauer gelingt, so wird es mit Recht den Demokratien zum Muster dienen können[4]) und damit zugleich eine wichtige Gewähr einer gedeihlichen Entwickelung besitzen. —

Statthalter teil." *v. Schulze-Gaevernitz* a. a. O. p. 46. Nach ihm ist das Datum der Einführung des Achtstundentages der 23. April. *Ch. Dilke* a. a. O. p. 240 und *S. Webb* a. a. O. p. 28 bezeichnen den 22. April als den Festtag. Nach *St. Bauer* ist es der 21. April.

[1]) Bezeichnend ist z. B. die Höhe des Fleischkonsums, der Umfang des Sports jeder Art. Nach *Coghlans* Statistik ist sowohl der Privatreichthum der Bewohner Victorias als auch der des Staates der verhältnismässig grösste der Welt.

[2]) Z. B. *Ruhland*, Allg. Zeitung 1889, 31. Dezember. *Fortescue*, „*The seamy side of Australia*". Vgl. auch *Marcus Clarke*, „*The future Australian Race*". *Alex. v. Hübner*, „*Durch das Britische Reich*", Leipzig 1891. p. 131. — In dem Artikel „*Democratic Government in Victoria*", a. a. O., pag. 500 heisst es: The colony has progressed „in spite" of its government . . . . The truth is that government in Victoria is steadily deteriorating in proportion as the manhood has awakened to the knowledge of its influence.

[3]) *Earl of Meath*, a. a. O.

[4]) So behauptet *Charles Dilke:* In general, it may be stated of Victoria that that colony stands almost at the very head of all countries in the world in the adoption of scientific principles to government and legislation *(Charles Dilke, „Local Government and Taxation in the Australian Colonies and New Zealand",* Cobden Club Essays, London 1875, p. 233.

Doch wie auch immer die Zukunft sich gestalten möge,[1]) uns kam es nur darauf an, die bisherige Entwickelung und den allgemeinen Charakter von Victoria in wirtschaftlicher und politischer Beziehung kennen zu lernen, um im Anschluss daran nunmehr die Entwickelung der Gesetzgebung mit ihren Anlässen und Folgen auf dem speziellen Gebiete der Eisenbahnpolitik verfolgen zu können.

---

[1]) Wie vorsichtig man mit zu optimistischen Aeusserungen sein muss, beweist z. B., dass die sich auf Victoria beziehenden Worte von *G. v. Schulze-Gaevernitz:* „Es giebt keine Arbeiterpartei, da die Arbeiter mit dem Volke identisch sind" (*„Zum socialen Frieden"*. Bd. 2. pag. 502, Leipzig 1890) bald durch die Thatsachen widerlegt worden sind. Siehe auch die Betrachtungen über die Zukunft der Verfassung und Verwaltung bei *Jenks.* a. a. O. p. 375 ff.

II.
Die Geschichte der Privatbahnen Victorias.
1852—1868.

1. Allgemeines.

Die Geschichte der Privatbahnen Australiens schreiben, heisst die Geschichte von Misserfolgen schreiben. Denn fast alle Privatbahnen, die auf australischem Boden entstanden, führten ein klägliches und kurzes Leben, und die wenigen, welche sich länger hielten, vermochten es nur durch weitgehende Unterstützung von Seiten des Staates. Sie waren den Kolonien meist eine unangenehme Last und die Entwickelung in allen australischen Kolonien ist die gewesen, dass der Staat eine Privatbahn nach der andern seinem Besitze an Bahnen einverleibte.

In der Kolonie Victoria, die auch in dieser Hinsicht den übrigen Kolonien voraneilte, ist diese Entwickelung am glattesten und schnellsten vor sich gegangen; sie ist dort zum Abschluss gekommen, indem seit 1878 alle Bahnen Staatsbahnen sind, während in den anderen Kolonien noch einige wenige Privatbahnen vorhanden sind, deren Reihen sich jedoch auch mehr und mehr lichten.

Wir dürfen die Geschichte der Privatbahnen Victorias als typisch betrachten für die der Privatbahnen Australiens überhaupt, und somit kann die Geschichte derselben, die wir jetzt schildern wollen, zugleich ein Bild geben von der Entwickelung der Privatbahnen der übrigen australischen Kolonien.

Für den intensiven Verkehr, der wie über Nacht durch die Goldentdeckungen in Victoria 1852 entstanden war und die Hauptstadt Melbourne „aus der stillen Unbedeutendheit eines verkehrsarmen Landstädtchens in das fieberhafte Getriebe einer übergeschäftigten Grossstadt versetzte"[1]), von der aus ein unaufhörlicher Menschenstrom sich nach den Goldfeldern bewegte, genügten die vorhandenen Verkehrsmittel nicht mehr, und besonders im Winter des Jahres 1852 machte sich die Nothwendigkeit des Vorhandenseins von Eisenbahnen als des einzigen Mittels zur Bewältigung eines solchen intensiven Güter- und Personenverkehrs fühlbar. In öffentlichen Versammlungen wurde die Frage des Eisenbahnbaues besprochen, Komitees wurden eingesetzt, um die Bildung von Eisenbahn-Gesellschaften zu befördern.

Denn das erschien den Ankömmlingen selbstverständlich, dass Aktiengesellschaften die Aufgabe des Eisenbahnbaues zufallen müsse, und diejenigen Kolonisten, die schon lange auf australischem Boden weilten, hatten von Europa so viel über die Erfolge der Eisenbahnen gehört, dass sie, selbst ohne Erfahrung, die Projekte enthusiastisch begrüssten. Daran dachte man im ersten Taumel der Begeisterung nicht, dass die Erfolge der englischen Eisenbahnen bedingt waren durch bestimmte wirthschaftliche Verhältnisse, wie sie in Australien nicht vorhanden waren; eine angemessene Rücksicht auf die Dichtigkeitsverhältnisse der Bevölkerung, auf ihre Beschäftigung und sociale Lage wurde damals nicht genommen, und endlich auch die wichtige Frage nicht genügend beantwortet, wo die Mittel für die Eisenbahnunternehmungen herkommen sollten.

Denn Eisenbahnen wollte ein jeder haben; das Geld dazu geben wollte niemand.

Es fehlte der Kapitalist des Mutterlandes, der von dem mässigen Zinse seines Kapitals lebt; hier in Australien wollte ein jeder schnell reich werden, und einem solchen Wunsche boten Eisenbahnunternehmungen wenig Verlockendes gegenüber den mannigfachen Chancen anderer Unternehmungen, die hohen Gewinn und schnellen Umschlag des Kapitals verhiessen, und wo

---

[1]) Ueber den Einfluss der Goldentdeckung vgl. Dr. *Karl Emil Jung*, „*Der Welttcil Australien*". Erste Abteilung. p. 237 ff. („*Das Wissen der Gegenwart*". Bd. 6. Prag 1882).

ein Jahresgewinn von dreissig bis fünfzig Prozent des angelegten Kapitals als nichts aussergewöhnliches galt.[1])

Besonders diese Verhältnisse schufen eine Zurückhaltung, die durch Zinsgarantien der Regierungen nicht wesentlich geringer werden konnte, und die den Aktienunternehmungen verderblich werden musste.

Ausserdem hatten diese aber noch unter der Landpolitik der Regierungen zu leiden. In Amerika waren ja ähnliche Verhältnisse, und dort hatte hauptsächlich eine verschwenderische Austheilung öffentlichen Landes den Eisenbahnunternehmungen Lebensfähigkeit verschafft.[2]) Eine solche Verschwendung wollte die englische Regierung in Australien nicht zugeben, und die den Gouverneuren gegebene Instruktion gestattete ihnen eine solche nicht; war ja doch auch damals die Einnahme aus dem Landverkauf das einzige Mittel der finanziellen Selbständigkeit der australischen Kolonien.

Dass dieser Umstand den Eisenbahnunternehmungen ungünstig war, braucht nicht weiter hervorgehoben zu werden; jene amerikanische Landspekulation, der die Eisenbahnen nur Mittel zum Zweck waren, fiel damit fort.

An alle diese verschiedenen Verhältnisse dachte man in der ersten Begeisterung nicht; in England hatten Aktiengesellschaften Grosses vollbracht, hier würden sie in gleicher Weise wirken, das war die Ansicht der Kolonisten.

Mit grossem Selbstbewusstsein traten daher die ersten Unternehmungen auf;[3]) sehr bald jedoch zeigte es sich, dass die privaten Unternehmungen in Victoria nicht lebensfähig waren; eine nach der anderen musste von der Regierung übernommen

---

[1]) Vgl. Report from the Select Committee on the Melbourne and Hobson's Bay Railway Company's Bill 1853, q. 43.

[2]) Capt. *Galton:* Report of the Lords of the Committee of Privy Council for Trade and Foreign Plantations on the Railways of the United States. 1. Dez. 1857 (Vict. Votes and Proceedings A. 95, vol. I. Sess. 1857).

[3]) Vgl. Report from the Select Committee on the Melbourne and Hobson's Bay Railway Company's Bill 1853, q. 43—48, q. 81—86.

werden. Nur eine kleine Vorstadtbahn gedieh. Sie war in den Jahren 1868 bis 1878 die einzige Privatbahn Victorias und mit dem Ankauf derselben im Jahre 1878 ist das reine Staatsbahnsystem vollendet.

Wir wollen in diesem Kapitel nur die Geschichte der Privatbahnen bis zum Jahre 1868 verfolgen und die weiteren Schicksale der Vorstadtbahn bis zum Ankauf durch den Staat bei der Behandlung der Eisenbahnpolitik des Zeitpunktes 1878 schildern.

Denn wenn diese Bahn auch, trotz ihrer Kleinheit der Regierung viel zu schaffen machte, und ihr Bestehen die Entwickelung eines bedeutenden Theils der Kolonie für viele Jahre hinaus hemmte[1]), so ist sie doch ohne wesentlichen Einfluss auf die Eisenbahnpolitik Victorias gewesen, und es darf daher schon das Jahr 1868 als dasjenige bezeichnet werden, in welchem das Staatsbahnsystem in Victoria zur Herrschaft gekommen ist.

2. The Melbourne Mount Alexander and Murray River Railway Company.

Wenn wir nach den Anfängen des Eisenbahnbaues in Victoria forschen, so erfahren wir, dass schon im Jahre 1845 ein Dr. *Thompson* [2]) der Regierung von Neusüdwales Vorschläge für den Bahnbau in dem Port Philipp - Distrikt machte.

Doch war der Gedanke verfrüht, und erst die Goldentdeckung gab, wie gesagt, den ersten Anstoss zu Eisenbahnunternehmungen. Der Mount Alexander war 1852 das Centrum der Goldfelder, und deshalb war das erste Projekt das der „Melbourne Mount Alexander and Murray River Railway Company" [3]).

---

[1]) Gippsland.

[2]) Dr. *Thompson* war später für die ersten Privatbahnprojekte eifrig thätig und wurde einmal im Parlament „der Pionier der Eisenbahnen in Victoria" genannt. Vgl. Parliamentary Debates 3. Nov. 1857.

[3]) Die Abkürzung dafür sei M. A. Company.

Im Juni 1852 taucht dies Unternehmen auf; es will Melbourne mit den Goldfeldern verbinden; während man bis dahin Tage und Wochen brauchte zu der teuren und gefährlichen Reise nach den Goldfeldern, solle man in Zukunft ohne Gefahr und billig in wenigen Stunden dahin kommen können. Eine Zweigbahn nach Williamstown und Anlage von Werften solle die Unannehmlichkeiten und Unbequemlichkeiten beseitigen, denen die landenden Passagiere und Güter ausgesetzt wären, und die das Verladen der Schiffe erschwerten. Die Hauptlinie solle nach und nach ausgedehnt werden und den Anfang der Hauptbahn nach Sydney bilden. In den Prospekten wurden 15—20 % Dividende versprochen.

Die Unternehmer traten in Korrespondenz mit dem Gouverneur *La Trobe*. Ausserdem kam am 21. Juni 1852 eine Deputation zu demselben und fragte an, ob eine Bill für eine Bahn von Melbourne nach den Mount Alexander die Unterstützung der Regierung finden würde; die Unternehmer wünschten von der Regierung Geldbewilligung für die Vermessung, ferner eine Anleihe (loan) vom Schatzmeister (Treasurer), um für den Bau Gelder flüssig zu haben, freie Bewilligung von Land[1]) für die Bahn selbst und ausserdem eine Quadratmeile auf je zehn Meilen Bahn, und Zins-Garantie für das Kapital. —

Der Gouverneur sprach sich günstig aus und erklärte, er werde dem Executive Council die Vorschläge vorlegen. — Nach weiteren Anfragen erhalten dann die Unternehmer den Bescheid, dass die Regierung zum Vorbild einer Bill die Sydney Railway Bill und Model Bill 1845 haben wolle; 1000 Pfund Sterling würden für die Vermessungsarbeiten bewilligt werden, falls ebensoviel von Privaten gegeben werde; eine Anleihe dagegen, wie sie die Sydney Company erhalten hatte, zur Ausführung des Baues, lehnt der Gouverneur wegen der Verschiedenheit der Umstände ab. —

Der Gouverneur spricht ferner seine Bereitwilligkeit aus, Land[2]) für die Bahnstrecke zu bewilligen, mit Platz für Stationen

---
[1]) 6 chains = 132 yards weit, die ganze Bahn entlang.
[2]) In 100 yard Weite.

und andere Gebäude, mit Ausnahme einer Station in der unmittelbaren Nähe Melbourne's. —

Ferner ist der Gouverneur gegen Zinsgarantie, die nach Ansicht des Staatssekretärs (Lord Grey) auf die Thatkraft lähmend wirke, jedoch wolle er demselben empfehlen, auf 100 000 Pfund Sterling, die wirklich für den Bau ausgegeben würden, 4 Prozent für 21 Jahre zu garantieren,[1]) jedoch auch dies nur unter der Bedingung, dass die Rückzahlung aus dem Geschäftsgewinn der Gesellschaft stattfinden solle und Sicherheit durch Hypothek auf alle Länder, Gebäude, Maschinen u. s. w. gegeben werden solle.

Ferner verlangt der Gouverneur, dass der Regierung das Recht des Ankaufs nach 21 Jahren gewahrt bleiben solle, dass von Zeit zu Zeit Inspektion und Besichtigung der Bahn stattfinden, die Rechnungsbücher revidiert werden dürften, dass die Regierung Priorität in Benutzung des Telegraphen habe; die Spurweite solle 5 ft. 3 inch betragen, es sollen regelmässig Berichte über Unglücksfälle, die Höhe des Verkehrs und der Einnahmen erstattet werden, damit die Festsetzung der Tarife sich darnach richten könne („duly considered"). Für die Höhe der Anleihe sollen Bestimmungen getroffen und die Zeit der Eröffnung der Bahn vorgeschrieben werden.

Bei der Abhängigkeit, in der sich damals die Regierung in den australischen Kolonien von dem Home Government befand, wird ausdrücklich erklärt, dass die Bestätigung aller dieser Bewilligungen und Forderungen von dem Staatssekretär abhinge.

Die Unternehmer hatten unmittelbar nach Absendung der Deputation begonnen, mit den für Einbringung einer Private Bill nötigen Formalitäten vorzugehen; so wurde denn vom 23. Juni an in der Government Gazette das Unternehmen verschiedene Male annonziert, am 22. Juli von einem Abgeordneten die Petition für die Bill gebracht, am 10. August das Zertifikat

---

[1]) Das gesamte Kapital der Gesellschaft sollte laut Prospekt 750 000 Pfd. St. in 37 500 Aktien à 20 Pfd. St. betragen, mit Erlaubnis, das Kapital zu verdoppeln.

überreicht, dass 25 Pfund Sterling an den Colonial Treasurer bezahlt seien, worauf die erste Lesung erfolgte. Dann wurde die Bill einem Ausschuss (Select Comittee) übergeben, der in der folgenden Session Bericht erstattete. —

Indessen gingen die Verhandlungen mit der Regierung weiter. Am 6. Oktober wurden von der Regierung für Vermessung und andere Ausgaben 5000 Pfund Sterling verlangt, 5 % Zinsgarantie für 21 Jahre für das gesamte Kapital, endlich Bewilligung von Land für die Endstation (Terminus) in Melbourne, für die Bahn und die übrigen Stationen. —

Die Korrespondenz mit dem Gouverneur zieht sich bis zum Ende des Jahres hin, schliesslich bewilligt er die verlangten 5000 Pfund Sterling, fünf Prozent Zinsen für 21 Jahre. Aus den Einnahmen der Bahn, soweit sie 5 % überschritten, solle die Rückzahlung des so geliehenen Geldes stattfinden. 50 Acker werden für den Terminus bewilligt und ein 100 Yard breiter Gürtel Kronlandes die ganze Bahnstrecke entlang.

Zu gleicher Zeit finden Verhandlungen der Gesellschaft mit einer anderen, der Melbourne-Geelong Bahngesellschaft wegen Verschmelzung mit derselben statt.

Bei Beginn der neuen Session im Januar 1853 entschuldigt sich der Gouverneur vor dem Legislative Council, dass er 5000 Pfund Sterling für Vermessung und andere Ausgaben den Unternehmern der M. A. Bahn bewilligt habe; er habe es der besonderen Wichtigkeit des Unternehmens halber gethan, wolle jedoch in allen zukünftigen Fällen da, wo Geldausgaben in Frage ständen, keine Versprechen machen, sondern den Legislative Council befragen. —

Ferner theilt er dem Council mit, dass er 5 % Zinsen für 1 1/2 Mill. Pfund Sterling mit Bewilligung des Home Government garantieren wolle. — Als bald darauf die Verhandlungen wegen der Verschmelzung (Amalgamation) scheiterten, wurde die Zinsgarantie auf ein Kapital von 1 200 000 Pfund Sterling beschränkt. —

Der Bericht des Ausschusses erfolgte am 25. Januar; — die Unternehmer klagen, dass das Publikum sehr zurückhaltend sei mit Anlage des Geldes, weil sie es in andern Geschäftsunternehmungen besser unterzubringen wissen, hoffen jedoch zuversichtlich, dass die Zinsgarantie von 5 % Viele bereitwillig machen werde. Am 5. Februar erfolgt die dritte Lesung der Bill; sie erhielt Sanktion am 8. Februar als: An Act to incorporate a Company to be called the Melbourne Mount Alexander and Murray River Railway Company.

Dieses Gesetz war so, dass es dem Unternehmen ein Monopol für alle Bahnen der Kolonie schaffen konnte[1]). Das Recht des Ankaufs war der Regierung gewahrt, indem für 100 Pf. St. des Kapitals 250 Pf. St. gezahlt werden sollten, oder eine Summe, die das 25fache des jährlichen Reingewinns betragen sollte, berechnet nach dem Durchschnitt der drei letzten Jahre; ausserdem sollten alle Schuldverschreibungen und Anleihen (debentures and loans) bezahlt werden. —

Das Gesetz war in dem einen Punkte streng, indem es die Haftbarkeit der Aktionäre auf das Doppelte des gezeichneten Kapitals festsetzte; in sieben Jahren sollte die Bahn fertig sein. —

Von den 5000 Pfund Sterling waren noch 3000 Pfund Sterling übrig, als die Bill durchging, und dieses Geld blieb für längere Zeit das einzige Kapital. Auf der ersten Generalversammlung am 23. März 1853 wurde mitgeteilt, dass 2281 Aktien gezeichnet seien, und nach einem Jahre im Februar 1854 waren 4000 Aktien gezeichnet; worauf für den Bau des Piers und einen Teil der Zweigbahn Williamstown Kontrakte abgeschlossen wurden. —

Die Unternehmer sahen ein, dass sie in Australien selbst kein Kapital bekommen konnten und sandten im Dezember 1853 einen Bevollmächtigten nach England.

Seine Hauptaufgabe bestand darin, eine Verwaltungsbehörde in London zu schaffen, 25 000 Aktien zu verkaufen und überhaupt die Geschäfte der Gesellschaft zu führen. Noch bevor er Melbourne verliess, war eine Bill eingebracht (2. September 1853)

---

[1]) Vgl. Report of *Andrew Clarke*. Votes and Proceedings 1856. Report 33 a.

to alter and amend an Act passed in the sixteenth year of the Reign of Her Majesty Queen Victoria intituled etc.

Nach der ersten Lesung wurde sie einem Ausschuss überreicht, der am 4. Oktober Bericht erstattete.

Die Bill soll zu Gunsten des Gesellschaft amendiert werden, vor allem solle die Haftbarkeitsklausel fallen; man würde diese in London als Misstrauensvotum gegen die Gesellschaft auffassen, meint der Agent derselben; ferner geht das Verlangen der Gesellschaft dahin, die Zinsen statt auf 21 Jahre auf immer garantiert zu sehen, Klausel 7 solle fortfallen, die die Zeit der Beendigung fixierte, Klausel 51 ebenfalls, die Bestimmung über die Höhe der Passagierpreise enthielt; dieselbe sei Unsinn, da die Gesellschaft ja verpflichtet sei, öffentlich Buch zu führen und Rechenschaftsberichte zu veröffentlichen; das werde genug gegen Missbrauch schützen.

Der Mangel an Interesse für das Unternehmen (auf der ersten Generalversammlung waren statt der vorschriftsmässigen 20 Aktionäre nur 6 Direktoren und 4 Aktionäre erschienen) wird, statt die Ursachen in den oben geschilderten Verhältnissen zu suchen, damit erklärt, dass die Regierung sich nicht genügend für dasselbe interessiert habe. — Eine weitere Lesung der Bill fand jedoch nicht statt.

Ehe der Agent zurückkam, hatte bereits am 8. März 1854 die Regierung sich an die Gesellschaft gewandt und beklagt, dass der Bau noch nicht begonnen sei. Es folgt dann eine längere Korrespondenz zwischen der Regierung und Gesellschaft, in welcher die Regierung mitteilt, dass die Legislatur gegen die jetzige Verwaltung Misstrauen habe, und da allgemeines Widerstreben sei, Aktien zu nehmen, so sei es das Beste, die Regierung übernehme das Werk selbst. Es sollten die Ausgaben ersetzt werden; dagegen wolle die Regierung weder direkt noch indirekt für die von der Gesellschaft eingegangenen Verpflichtungen haftbar werden.

Die Gesellschaft verwahrt sich gegen das Misstrauen und teilt mit, dass ohne Uebernahme der eingegangenen Verpflichtungen ein Kauf nicht anginge, so sei z. B. ein Kontrakt für den Pier und andere Werke in Williamstown abgeschlossen. Da die Ansprüche der Gesellschaft im Laufe der Verhandlungen immer mehr stiegen, resp. die ihrer Unternehmer (Contractors), die für Aufgabe eines Kontraktes von 13 000 Pfund Sterling die — nach Ansicht der Regierung unverschämte — Forderung einer Entschädigung von 5 000 Pfund Sterling verlangten, so lehnte die Regierung das Endanerbieten der Gesellschaft, die Bahn für 20 000 Pfund Sterling zu verkaufen, ab.

Diese Korrespondenz legte die Regierung dem Legislative Council vor, woraufhin der Antrag durchging, der Gouverneur solle das Unternehmen zu einem angemessenen Preise ankaufen[1]).

Nach dem Scheitern dieser Verhandlungen, die ein halbes Jahr in Anspruch nahmen, begann die Gesellschaft endlich den Bahnbau; am 12. Juni 1854 erfolgte der förmliche Anfang mit üblicher Ceremonie und Festlichkeiten; der Gouverneur that den ersten Spatenstich. Dann wurden energische Schritte gethan, die Zweigbahn nach Williamstown bauen zu können. April 1855 waren 5127 Aktien gezeichnet; von England dagegen kam kein Geld. Es wurde ein Amendement in der Bill nötig, da die englischen Aktien nicht übertragbar waren (registered or transferred from one party to another). Ein Unternehmer erbot sich, 100 000 Pfund Sterling in Aktien zu nehmen; es war und blieb jedoch der Gesellschaft unmöglich, Kapital zu erhalten, umsomehr als bald darauf eine Handelskrisis eintrat, infolge deren ein bedeutender Teil des gezeichneten Kapitals verloren ging.

Darum wandte sie sich wieder an die Regierung, zunächst um eine Anleihe zu erhalten. Die Antwort derselben lautete, dass die ganze Frage des Eisenbahnbaues, Beschaffung des Kapitals für denselben etc. bald einem Ausschusse überwiesen würde, dort sollte sie ihre Vorschläge machen. — Dies geschah und

---

[1]) His Excellency be empowered with the advice of the Executive Council to purchase upon such terms as may be deemed equitable all the rights, title and interest of the shareholders in the etc.. Company with a view to carry out such portions of the undertaking as the Governor may think expedient (Parl. Deb. 8. April 1854).

dieser Ausschuss empfahl, dass der Staat die Linie nach Williamstown bauen solle.

Daraufhin fanden weitere Verhandlungen der Regierung mit der Gesellschaft statt, die damit enden, dass in der Session 1855/56 der Verkauf beschlossen wurde durch das Gesetz „An Act to enable the Government of Victoria to purchase all the property and other interest possessed by the M. A. Company (18. März 1856).

Die Regierungsbill war dem Ausschuss übergeben worden, der in dieser Session die Eisenbahnfrage beriet, und dessen Bericht vom 13. März 1856 lautetet folgendermassen: Das Gesetz vom 8. Februar 1853, welches die M. A. Company inkorporierte, sei ein Hinderniss gewesen, irgend ein allgemeines Bahnsystem ins Leben rufen zu können. Da nun die Gesellschaft nicht imstande zu sein scheine, das auszuführen, wofür sie inkorporiert sei, solle die Regierung alle Rechte, Titel und Interessen der Aktionäre ankaufen, die Zweigbahn Williamstown-Melbourne ohne Verzug auszuführen und zur Basis des Staatsbahnsystems machen.

Das Komitee ist der Ansicht, dass eine vernünftige Sorgfalt und Sparsamkeit beim Bau bislang angewandt worden sei.

Daraufhin erfolgte dann die schon oben erwähnte Bill, welche auf folgender Grundlage den Verkauf beruhen lässt:

Die Regierung zahlt den Aktionären das bereits bezahlte Kapital, indem sie fünfprozentige Schuldscheine (debentures) zu pari ausgiebt, zahlbar am 5. Oktober 1873. Sie hat alle laufenden Kontrakte, und alle Verpflichtungen auszuführen, die für billig befunden und in ein Verzeichniss (schedule) aufgenommen werden sollen.

Als Zeitpunkt des Verkaufs der Bahn wird das Inkrafttreten des Verkaufsgesetzes angenommen. Bis dahin darf die Gesellschaft keine neuen Arbeiten anfangen, und nur die, für welche bereits Kontrakte abgeschlossen sind, ausführen, Auf dieser Grundlage ruht also das Gesetz vom 18. März 1856 (19 Vict. No. 15). Zu Verwaltern (trustees) der Bahn sollen gemacht werden der Commissioner of Public Works und der Surveyor-General. Ihnen sollen alle Rechte und das Vermögen der Gesellschaft übertragen werden.

Bald darauf entsandte die Regierung Inspektoren, die den Bau zu untersuchen hatten, liess die Rechnungsbücher prüfen und die Höhe der Verpflichtungen feststellen.

Diese Inspektoren berichten am 14. April 1856; daraufhin erkennt die Regierung alle Forderungen an, mit Ausnahme des Postens von 1149 £ 4 s 7 d, welche Summe als Ausgabe für Eröffnungsfeierlichkeiten gebucht war.

Am 23. Mai 1856 erfolgt dann die Uebertragung der Bahn an die Trustees und es werden 68 102 £ 18 s 9 d an die Gesellschaft gezahlt.

Damit ist die erste Privatbahn gefallen, und da der Staat nunmehr den Bau dieser Bahn übernahm, aus ihr zugleich die erste Staatsbahn Victorias geworden.

3. The Geelong and Melbourne Railway Company.

Wir haben bei Besprechung der Geschichte der M. A. Company einer Gesellschaft Erwähnung gethan, welche fast gleichzeitig mit derselben gegründet wurde, der Geelong and Melbourne Company[1]). Wir hatten erwähnt, dass Verhandlungen zwischen beiden Gesellschaften wegen einer Verschmelzung (Amalgamation) schwebten, jedoch schliesslich scheiterten. Hervorgerufen wurden sie dadurch, dass die letztgenannte Gesellschaft auch eine Zweigbahn von Melbourne nach Williamstown bauen wollte; nach Scheitern der Verhandlungen gab sie jedoch diese Absicht auf, um nicht mit der M. A. Gesellschaft zu konkurriren. — Sie beschränkte sich also darauf, eine Bahn von Melbourne nach Geelong zu bauen.

Geelong hatte 1851 8291 Einwohner und war an der See gelegen, nicht weit von Melbourne.

Der Verkehr fand bis dahin nur zur See statt; als das Unternehmen entstand, gab es nur einen einzigen Dampfer

---

[1]) Abgekürzt G. M. Company.

„Victoria", der stets überfüllt und teuer war; anfangs 1853 gab es 3 Schiffe, die gleichfalls stets voll und teuer waren, auch wurde sehr über die schlechten Einrichtungen an Bord geklagt. — Die Unternehmer fürchteten diese Konkurrenz nicht; der Zeitgewinn sei besonders für Geschäftsleute wichtig und die Unannehmlichkeit der Seefahrt fiele fort. Die Unternehmer traten mit grossem Selbstbewusstsein auf; sie verlangten von der Regierung fünf Prozent Zinsgarantie, wie die M. A. Bahn es thäte, erklärten jedoch die Bahn eventuell auch ohne Garantie zu machen.

Sie schreiben am 17. August an den Gouverneur, senden ebenfalls eine Deputation und verlangen Beistand für Vermessung und Zahlung der vorläufigen Ausgaben (preliminary expenses). Er verheisst Beistand in den Schranken seiner vom Secretary of State erhaltenen Instruktionen, verspricht 500 Pfund Sterling für die Vermessung, und 100 Yard weit Land; die Unternehmer verlangen jedoch 1500 Pfund Sterling für die Vermessungsarbeiten, Annoncen und Ausgaben für die Bill, ferner fünf Prozent Zinsgarantie für das Kapital von 350 000 Pfund Sterling; der Ingenieur der Bahn nahm an, dass der Bau der vierzig Meilen langen Bahn 6250 Pfund Sterling per Meile, also 250 000 Pfund Sterling kosten würde. Der Gouverneur theilt dem Legislative Council im Januar 1853 das Verlangen der Gesellschaft mit.[1])

Gleichzeitig mit der M. A. Bill wurde die Bill für diese Gesellschaft gebracht und erhielt am 8. Februar 1853 Sanktion als: An Act to incorporate a Company to be called the Geelong and Melbourne Company.

Die Bestimmungen des Gesetzes waren folgende: Von den 17 500 Aktien sollen 4375 gezeichnet sein, bevor der Bahnbau beginnen darf und 12 000 Pfund Sterling wirklich eingezahlt. — Das Kapital darf auf 500 000 Pfund Sterling erhöht werden, entweder durch Neuausgabe von Aktien, oder durch Borg auf Pfandverschreibungen (mortgage) bis zu einem Drittel des wirk-

---

[1]) Message No. 60. 20. Januar 1853.

lich eingezahlten Kapitals. — Für die ersten Ausgaben werden 1000 Pfund Sterling bewilligt, ferner 11½ Acker Land für den Bahnhof in Geelong und einen Streifen Landes die ganze Bahn entlang, soweit es nicht verkauft ist, 100 Yard in Breite.

Auf 10 000 der 17 500 Aktien wird eine Dividende von 5% auf 21 Jahre garantiert. — Die Regierung darf die Bahn nach zehn Jahren und innerhalb zwanzig Jahren ankaufen zu einem Preise von 250 Pf. St. für 100 Pf. St. des Anlagekapitals, oder dem Sechzehnfachen des Jahresgewinnes nach dem Durchschnitt der drei voraufgehenden Jahre berechnet; und hat alle rechtmässig ausgegebenen Obligationen und aufgenommenen Anleihen (debentures and loans lawfully issued and contracted) zu bezahlen.

Ueber den Weg der Bahn ist nur gesagt, dass dieselbe in Geelong beginnen und durch die Grafschaft Grant und Bourke nach Melbourne gehen solle; doch sind die Pläne dem Gouverneur vorzulegen. —

Es ist nicht gestattet, auf demselben Niveau (on the level) Strassen zu kreuzen; die Bahn muss gut von der Nachbarschaft abgeschlossen sein.

Am 20. September 1853 begann der Bahnbau; der Gouverneur that den ersten Spatenstich, und es wurde angekündigt, dass die Bahn Ende des Jahres 1855 fertig sein würde. —

Im Januar 1854 fand die erste General-Versammlung statt, die Aktien, auf welche Zinsen garantiert waren, wurden verkauft; zwar waren im Ganzen 13 137 Aktien verlangt, doch konnte die Gesellschaft nur die wirklich los werden, auf welche Zinsen garantiert waren; die Arbeiten schritten in den nächsten sechs Monaten befriedigend fort. Achtzehn Kontrakte wurden geschlossen und drei Teilzahlungen mit wenigen Ausnahmen pünktlich geleistet. — Die Direktoren brachten in geschickter Weise durch die Massregel Vorausbezahlungen acht Prozent Zinsen zu gewähren, ja zu gewissen Zeiten sogar zehn Prozent, die Gesellschaft über die schwierigste Lage hinweg.[1]

---

[1] Das Kapital der Gesellschaft betrug 350 000 Pfd. St. in 17 500 Aktien zu 20 Pfd. St. Mitte des Jahres 1854 betrugen die

Die Gesellschaft konnte, wie gesagt, die Aktien ohne Zinsgarantie nicht los werden und wandte sich daher an die Regierung, die nach einigen Verhandlungen ihre Einwilligung gab zur Ausdehnung der Garantie auf den Rest der Aktien. Die Hälfte wurde in der Kolonie ausgegeben, die andere nach England gesandt, wo die Gesellschaft eine Agentur errichtet hatte. —

Sie wandte sich Ende 1854 an die Gesetzgebung mit einer Bill und verlangte darin die formelle Anerkennung der bewilligten Zinsgarantie auf das gesamte Kapital, wollte in Höhe dieses statt wie bis dahin bis zu einem Drittel borgen dürfen und Erlaubnis für Kreuzen auf demselben Niveau haben. Diese Bill ging in dritter Lesung am 6. Juni 1855 durch als: An Act to amend an Act 16 Vict. etc.

Die Gesellschaft durfte danach in der Höhe von drei Viertel des Kapitals borgen und an gewissen Stellen auf demselben Niveau die Strassen kreuzen.[1])

Sie hatte etwa 40 000 Pfund Sterling geborgt, um die Bauunternehmer befriedigen zu können, da kam glücklicherweise von England die Nachricht, dass die Aktien verkauft worden seien.[2]) Die Aktionäre in Sydney hatten beantragt, die Bahn der Regierung zum Kauf anzubieten; es wurde deshalb am 2. November 1855 eine ausserordentliche Generalversammlung berufen, auf welcher man ihre Angst durch Darstellung der Sachlage beruhigte.

Im Juli 1856 waren Kontrakte für die ganze Linie eingegangen, und Teile der Bahn fertig, Teile im Bau.[3]) —

Einnahmen der Gesellschaft 54 578 £ 18s. 11d., die Ausgaben 41 217 £ 7s. 4d.

[1]) Die Anerkennung der Gleichstellung aller Aktien war erst in besonderer Bill, 17. Mai 1855, beantragt worden, kam dann in diese Bill hinein.

[2]) Am 30. November 1855 waren 75 709 £ 10s bezahlt; 16 582 £ 10s 11d borgten sie von den Bankiers und erhöhten die Zinsen für Pränumerando-Zahlung auf zehn Prozent.

[3]) Die Einnahme betrug am 31. Mai 1856 315 834 £ 15s 2d, die Ausgabe nur 20 £ 3s 4d weniger.

Somit schien zu einer Zeit, wo die Mount Alexander Bahn soeben gefallen war, die Geelong Melbourne Bahn nach Überwindung der ersten Schwierigkeiten zu gedeihen; freilich dauerte der Bau merkwürdig lange.

Die Gegend war in deutlicher Ausnahme vom Charakter des übrigen Landes für den Bahnbau sehr günstig. Trotzdem war der Bau voraussichtlich noch lange nicht beendet; und nach Annahme von Regierungsinspektoren waren für denselben noch 130 000 Pfund Sterling nötig, also etwa 100 000 Pfund Sterling mehr, als das Kapital der Gesellschaft betrug.

Im Mai 1857 war die Bahn fertig; am 25. Juni fand grosses Eröffnungsfest statt, an dem sich der Gouverneur beteiligte. Um die Bestimmungen der Act vom Jahre 1853 und 1855 hatte sich die Gesellschaft nicht gekümmert, sondern auf dem Niveau gekreuzt, wo sie Lust hatte,[1]) nachträglich erst im Juni brachte sie eine Bill „to carry the G. M. Railway across any highway, turnpike road or private road of any description, on the level". —

Gegen diese Bill erhob sich heftige Opposition. Die zweite Lesung wurde im September 1857 abgelehnt; bald darauf wurde eine neue Bill gebracht und einem Komitee übergeben. Gleichzeitig zeigte sich, dass die Bahn in höchst leichtfertiger und gefährlicher Weise gebaut war und dass man verabsäumt hatte, gesetzgeberische Massregeln zu ergreifen, um eine Aufsicht über die Privatbahnen führen zu können. —

Hauptsächlich gegen die G. M. Gesellschaft, die sich deshalb auch nach Kräften wehrte, sind die Railway Supervision Bill und Railway Construction Bill gerichtet, welche Ende 1857 gebracht werden und Gesetzeskraft erhalten.

---

[1]) *Edward Snell*, der Ingenieur der Gesellschaft, vor einem Ausschusse befragt, ob die Gesellschaft in Geelong Strassen auf demselben Niveau kreuze, antwortet: „We have made level crossings wherever they are advisable;" und auf die Frage: „is that contained in your Act?" — „No: it was contrary to the Act; but the Act is absurd; if we had worked according to the Act, we should have no railway at all. (Report from the Select Committee on Railways Sess. 1856/57. q. 2800. 2861. Parl. Papers vol. II D 37a.)

Gestalteten sich durch diese Gesetzgebung die Aussichten für die Gesellschaft ungünstig, so hatte auch die finanzielle Lage ihr günstiges Aussehen indessen verloren, die Gesellschaft geriet in immer bedrängtere Lage. —

Anlass, sich mit ihr in Verhandlungen einzulassen, gab der Regierung ausser einem, von der M. A. Gesellschaft April 1855 mit der G. M. Gesellschaft eingegangenem Kontrakte[1]), der von dem staatlich angestellten Verwalter der M. A. Bahn im Mai 1856 erneuert worden war, vor allem die gewährte Zinsgarantie. —

Im November 1857 wendet sich die Regierung an die Gesellschaft mit der Anfrage nach dem genauen Stande der Obligationen (debentures), da die Regierung die Priorität hat für Rückzahlung der garantierten Zinsen[2]).

Nach verschiedenen anderen Vorschlägen (z. B. die Ueberschüsse, die über 5 % betragen, zur Liquidation zu verwenden), bietet die Gesellschaft der Regierung ihre Rechte an, dieses Anerbieten mit dem eben gefassten Beschlusse der Legislative begründend, dass die Hauptbahnen dem Staate gehören sollten.

Sie verlangen, dass die 350 000 Pfund Sterling Aktien in sechsprozentige Staatsschuldscheine, zahlbar nach 25 Jahren, verwandelt werden sollten; dass das geliehene Kapital in Höhe von 262 500 Pfund Sterling bezahlt werden solle; und ausserdem 20 000 Pfund Sterling für laufende Kontrakte, und dass die Aktionäre unter Zinsgarantie gegebene Zinsen nicht zurückzugeben hätten. —

Nachdem die Regierung erklärt hatte, dass die Bedingungen annehmbar seien, erfolgen weitere Verhandlungen, die Gesellschaft erhöht ihre Ansprüche um 50 000 Pfund Sterling als Schadenersatz, da die Regierung nicht den Kontrakt der M. A. Gesellschaft erfülle[3]).

―――
[1]) Die G. M. Gesellschaft darf auf der Verbindungsbahn nach Williamstown, welche die M. H. Gesellschaft zu machen hat, fahren und zahlt die Fahrpreise mit 25% Rabatt.
[2]) Das Material (Plant and Rolling-Stock) haftet für die Rückzahlung als Pfand (mortgage).
[3]) Dadurch seien bis 30. April 1858, 49 434 £ 3s verloren gegangen.

Als Letztere nunmehr mitteilte, diese Ansprüche von 50 000 Pfund Sterling seien unhaltbar, doch wolle sie jede annehmbare Massregel dem Parlamente vorlegen, erfolgt ein drittes Anerbieten der Gesellschaft.

Da durch den Druck der Verpflichtungen in jedem Momente das Betriebsmaterial (rolling-stock) geopfert und die Gesellschaft insolvent erklärt werden könne, so solle eine General-Versammlung die Direktoren ermächtigen, zu verkaufen; die Bedingungen lauten 350 000 Pfund Sterling zu 6% debentures 262 500 Pfund Sterling, alle anderen Schulden 95 319 Pfund Sterling. —

Darauf erklärte die Regierung, sie nehme diese Bedingungen nicht an[1]), obwohl ihr wegen der von Jahr zu Jahr steigenden Zuschüsse[2]) an dem Kaufe der Bahn gelegen war.

Im Herbst 1858 fand in London eine Generalversammlung statt, welche die Direktoren ermächtigte, die Bahn zu verkaufen. —

Anfang 1859 wurde, nachdem die Regierung die gesamte Korrespondenz vorgelegt hatte, die Resolution angenommen, dass die Bahn gekauft werden solle. Daraufhin tritt der Gouverneur in weitere Verhandlungen ein; die von der Regierung gesandten Commissioners of Audit berichten, dass alle Ansprüche zusammen 773 735 £ 4 s 8 d seien; einige Punkte seien fraglich, z. B. das Eröffnungsfest, Diner und Ball etc.

Die Regierung solle am 5. April 1860, wo die garantierten Zinsen fällig seien, die Gesellschaft übernehmen. —

Bei Eröffnung der Session 1859/60 teilt der Gouverneur mit, dass die Verhandlungen zu günstigem Abschlusse gekommen seien, nach Empfang des Berichts der Commissioners of Audit,

---

[1]) Der erste Vorschlag vom 19. Dez. 1857 ergiebt zusammen: 632 500 Pfd. St., der zweite vom 12. Mai 1858. 702 500 Pf. St., der dritte vom 8. Juli 1858. 707 819 Pfd. St.

[2]) Die Regierung hatte an die Gesellschaft gezahlt:
1854 2 107 £ 0s 5d   1857 16 731 £ 15s 2d
1855 6 058 „ 8„ 11„   1858 17 000 „ — —
1856 14 405 „ 7„ 11„

welche die Bücher prüfen, solle eine Bill für den Ankauf gebracht werden. — Daraufhin bringt die Regierung im Februar 1860 die Bill „An Act to purchase and vest the undertaking of the Geelong and Melbourne Railway Company in the Board of Land and Works and for other purposes".

Opposition gegen dieselbe schneidet der Minister mit den Worten ab, dass die Frage des Ankaufs bereits von dem früheren Ministerium entschieden sei, es handele sich nur um die Bedingungen des Ankaufs. Die Bill erhielt am 8. Juni Sanktion unter dem Titel: „An Act to incorporate the Board of Land and Works and to vest in the said body the undertaking of the Geelong and Melbourne Company and other property."

Somit ist auch diese Bahn in Staatseigentum übergegangen.

4. The Melbourne and Hobson's Bay Railway Company.

Das Dritte der im Jahre 1852 entstandenen Unternehmen ist das der Melbourne and Hobson's Bay Railway Company.[1]

Es ist eine kurze Bahn, welche eine Verbindung zwischen Melbourne und dem Hafen schaffen soll; sie soll hauptsächlich dem Güterverkehr dienen; das Bedürfnis und die Rentabilität einer solchen Bahn halten die Unternehmer für erwiesen. Das Bedürfnis sei da, wie die vielen Klagen über Räubereien, Verluste, Beschädigungen von Gütern beweisen. Die Rentabilität sei gleichfalls zu erwarten, denn es sei berechnet, dass aus den Ankünften der letzten drei Monate bei einem Satze von 5 s per ton sich 60 000 Pfund Sterling Einnahme ergeben würden, die Ausgabe würde 30 000 Pfund Sterling sein, also ein Gewinn von 30 000 Pfund Sterling aus den Ankünften allein zu erzielen sein.[2]

---

[1] Abkürzung M. H.
[2] Vgl. Report from the Select Committee etc., q. 5—12.

Es sollte zunächst alle halbe Stunde ein Passagierzug und alle viertel Stunde ein Güterzug fahren.

Im November 1852 wurde die Bill gebracht und einem Ausschusse übergeben, der bis zum Januar 1853 tagte.

Dann fand die zweite und dritte Lesung statt und zugleich mit den anderen Bills des Jahres 1853 erhielt die Bill Sanktion als „An Act to incorporate a Company to be called the Melbourne and Hobson's Bay Railway Company".

Diese Gesellschaft ist die kleinste aber auch selbstbewussteste der drei Unternehmungen. Zunächst verzichtete sie freiwillig auf Zinsgarantie, da sie höhere Einnahmen als fünf Prozent sicher erwartete; als Maximum des Erlaubten war in der Bill dreissig Prozent angesetzt; dagegen liess sie sich allerdings von der Regierung Land geben.[1]) Ausserdem erhielt sie von der Regierung ein Darlehn (loan) von 50 000 Pfund Sterling. Es war ursprünglich die Absicht der Gesellschaft, die in Victoria nicht verkäuflichen Aktien nach England zu senden, dann jedoch wurde das Darlehn der Regierung vorgezogen.

Bezeichnend für das Selbstbewustsein der Gesellschaft ist, dass sie als Ankaufspreis das 25 fache der Jahreseinnahme, also bei 30 Prozent 750 Prozent des Kapitals verlangt und dabei von der Regierung das Geld zinslos haben will, trotzdem dies und die freie Gabe von Land die Reineinnahme erhöht. Auf die Frage, ob das recht sei, erwidert ihr Vertreter im Ausschusse: Gewiss! Die Regierung ist ja nicht gezwungen, die Bahn zu kaufen, sie braucht es ja nur zu thun, wenn sie den Ankauf für gut hält; natürlich soll der Preis ein höherer sein, wenn die Einnahmen höher sind.[2]) Ueberdies sei anzunehmen, dass die Regierung die Bahn noch einmal so teuer, als die Ge-

---

[1]) 100 yards weit die Strecke entlang, für Bahnhof in Melbourne 9 acres. 2 roads. 35 perches und 1340 ft. Front nach Flindersstreet, für Bahnhof in Sandridge 24 acres, 2 roads. 15 perches.

[2]) „The Government are not compelled to buy the line and they need only do so if they find the purchase to be a good one. Of course the larger the line yields the larger will the purchase money necessarily be." (Report etc.. q. 46. 81—86.)

sellschaft verwalten würde. Ein ähnlich hochmütiges Verlangen ist, dass die Regierung die Telegraphen anlegen, aber für Benutzung bezahlen solle; begründet wird dasselbe damit, dass die Regierung ihre Depeschen zuerst befördern dürfe.

Betrachten wir die Bill der M. H. Gesellschaft etwas eingehender.

Sie lehnt sich im Inhalt an die Sydney Act an, teilweise gedankenlos abgeschrieben. — So enthält sie z. B. die „deviation clause", was bei der Kleinheit dieser Bahn, die die ganze Strecke in zehn Minuten durchfahren sollte, sinnlos ist; ebenso befindet sich ein Paragraph in der Bill, in dem die Erlaubnis erteilt wird, Privatgrundstücke zu betreten, überflüssig, da alles Land, durch das die Bahn geht, Regierungsland ist. Auf die Frage, weshalb diese Klausel aufgenommen ist, antwortet der Solicitor der Gesellschaft: „simply for the purpose of making this Bill uniform with other Railway Bills[1]); also nur um sie anderen Eisenbahngesetzen gleich zu machen; sie werden aufgegeben, ebenso wie andere, über die Berechtigung, Zweigbahnen zu bauen u. s. w.

Was zunächst die Bestimmungen über das Vermögen der Gesellschaft betrifft, so wird das Kapital auf 100 000 Pfund Sterling festgesetzt (in 2000 Aktien à 50 Pfund Sterling) mit dem Recht, dasselbe zu verdoppeln; ferner wird die Erlaubnis ertheilt auf Unterpfand (mortgage) bis zur Hälfte des Kapitals zu borgen (cl. 85), in 2 Jahren muss die Bahn fertig sein (cl. 107, 108), die Spurweite soll 5 ft. 3 inch sein, die vom Gouverneur als die allgemeine Spurweite der australischen Kolonien bezeichnet wird.

Die Bahn erhält volle Freiheit, die Tarife zu fixieren (cl. 66), nur behält sich die Legislatur Revision vor, wie in der Sydney Act: es soll nach 7 Jahren jedes Jahr ein Rechnungsbericht veröffentlicht werden u. s. w.

Was die Verantwortlichkeit bei Unglücksfällen betrifft, so ist die Gesellschaft angesehen als „common carrier", verantwortlich nach den Bestimmungen des common law.

---
[1] q. 86.

Dieses sind die hauptsächlichen Bestimmungen der Act. der dritten und letzten des Jahres 1853.

Es verging noch nicht ein Jahr, als die Gesellschaft einsah, dass ihr Kapital nicht ausreiche, und sie machte von der Erlaubnis Gebrauch, das Kapital zu verdoppeln und auf Unterpfand zu borgen und brachte dadurch zustande, dass die Bahn innerhalb der vorgeschriebenen Zeit im September 1854 fertig war; doch dauerte es noch einige Zeit, ehe die Lokomotiven aus England eintrafen. Die Gesellschaft hatte bald gute Einnahmen und erzielte schon im ersten Jahre eine Dividende von acht Prozent[1].

Dieselbe wurde jedoch nicht in baar bezahlt, sondern dafür noch unverkaufte Aktien vertheilt.

Im November des Jahres brachte die Gesellschaft eine Bill für eine Zweigbahn nach St. Kilda. Dieselbe wird im März 1856 Act als „An Act to authorize the Melbourne and Hobson's Bay Railway Company to make a Branch Railway from their present Railway to St. Kilda, and to amend their Act of Incorporation and to extend their powers therein contained and for other purposes".

Diese Zweigbahn ist eine Vorstadtbahn mit nur einer Klasse, während die Hauptbahn erste und zweite Klasse hatte; die

---

[1] In dem Halbjahr bis zum 30. April 1855 stieg die Güterbeförderung von 180 ton monatlich bis 3872 ton; im ganzen wurden 9523 ton befördert, die eine Einnahme von 4233 £ 15 s 11 d ergaben. Die Zahl der Passagiere wuchs schnell an und betrug im ganzen 151 030; mit einer Einnahme von 11 988 £ 13 s 6 d. Die Betriebskosten (working expenses) betrugen 7883 £ 11 s 6 d, so dass ein Ueberschuss von 8927 £ 2 s 9 d erzielt wurde. — Im zweiten Halbjahr versuchte die Gesellschaft eine Preisreduktion, jedoch fiel die Zahl der Passagiere auf 119 372 und brachte nur 8020 £ 13 s 8 d; der Güterverkehr stieg dagegen auf 18 622 tons und brachte 6087 £ 16 s 3 d, ausserdem für Gepäck 590 £ 16 s 1 d. und andere Einnahmen 42 £ 17 s 3 d (storage), so dass die Einnahme 15 424 £ 18 s 5 d betrug. Die Ausgabe betrug 9389 £ 10 s 8 d, so dass ein Ueberschuss von 6035 £ 7 s 9 d vorhanden war. Damit war der Jahresgewinn 14 987 £ 3 s 7 d, was eine Dividende von 8 % ergab. Geborgt hatte die Gesellschaft im ganzen 46 036 £ 2 s 1 d.

Gesellschaft will ein Maximum von 1 s festgesetzt haben, doch erklärt die Direktion, es liige im eigenen Interesse, darunter zu bleiben; das Kapital wird auf 50 000 Pfund Sterling erhöht; die Bahn soll innerhalb 18 Monaten fertig sein; die Höhe der Fahrpreise wird festgesetzt.[1])

Im Jahre 1856 macht die Bahn weitere Fortschritte, am Ende des Jahres sind schliesslich alle Aktien verkauft, der Pier zu Sandridge 250 ft. lang und 60 ft. breit gebaut, und ein zweites Geleise nach Sandridge gelegt. Auch in diesem Jahre gedieh die Bahn gut.[2])

Durch ein Gesetz des Jahres 1857 erhielt die Bahn das Recht, ihr Kapital zu vergrössern.

Im Jahre 1858 wollte die M. H. Gesellschaft eine neue Zweigbahn bauen, doch wurde die Bill abgelehnt.

Hatte schon beim Bringen der Bill des Jahres 1856 der Municipal Council von Emerald Hill Opposition gegen dieselbe erhoben, da die projektierte Bahn durch den besten Theil des Hill ginge, den Süd-Park zerrisse und die Kommunikation mit der See abschnitte, so wurde der Groll dieses Vorortes grösser, als die Bahn nicht die in dem Gesetze vorgeschriebenen Massregeln zur Verhütung letzteren Uebelstandes ergriff.

Die Gesellschaft und der Hill stritten miteinander vor Gericht, sie wandten sich ferner an die Regierung, endlich versuchte es Emerald Hill mit einer Bill, die am 17. April 1861

---

[1]) Für Güter durfte die Gesellschaft von Melbourne bis Emerald Hill 5 s, bis St. Kilda 10 s per ton fordern. für Passagiere 1. Klasse 6 d. 2. Klasse 4 d bis Emerald Hill, nach St. Kilda 1. Klasse 1 s. 2. Klasse 9 d; zwischen Emerald Hill und St. Kilda sollte das Maximum für 2. Klasse 5 d betragen.

[2]) Die Passagierzahl steigt auf 190 744 mit einer Einnahme von 8903 £ 14 s 1 d; die Waaren auf 36 015 tons mit einer Einnahme von 11 083 £ 7 s 10 d. Die Gesamtzahl aller Passagiere bis zum 31. Oktober 1856 betrug 711 269 mit einer Einnahme von 40 024 £ 3 s 6 d und der Güter 96 975 tons mit einer Einnahme von 321 320 £ 5 s 7 d. dazu andere Einnahmen im ganzen 79 713 £ 10 s 11 d. Die Ausgabe betrug 40 196 £ 17 s 3 d, so dass 39 510 £ 13 s 8 d Ueberschuss ist auf ein Kapital von 200 000 Pfd. Sterl.

zur ersten Lesung kam: A Bill to amend an Act passed in the 16 year etc. intituled etc. and to compel the said Company to allow a carriage road or street called Moray street to be continued across the said Companys Railway.

Diese gegen die Gesellschaft gerichtete Bill wurde zuerst auf die nächste Session, dann wieder auf die nächste verschoben, bis es im Jahre 1863 den Anhängern der Gesellschaft gelang, sie zum Falle zu bringen.

Die Gegner der Gesellschaft behaupteten, dieselbe habe ihre Verpflichtungen nicht gehalten, an den Stellen, wo es nöthig sei, Brücken zu bauen; sie thäte es nicht, aus Angst, dass sich sonst der Verkehr auf der Strasse bewegen könnte und dass Güter vom Pier in Sandridge viel billiger auf der Strasse nach Melbourne gebracht werden könnten, etwa zur Hälfte, wodurch das Publikum 45 000 Pfund Sterling pro Jahr ersparen dürfte, die Gesellschaft monopolisire das Land zwischen Stadt und Bay, das sei im höchsten Masse ungerecht.

Die Anhänger erwiderten, dass die Ansprüche des Emerald Hill unverschämte seien. Als z. B. ein Vertreter des Emerald Hill vor dem Ausschusse gefragt worden wäre, ob man die Gesellschaft zwingen könne, eine Brücke wie die Waterloo Brigde in London zu bauen, habe er es bejaht. —

Die Klausel 38 sage nur, dass Länder durch Brücken verbunden werden sollen, die durch eine Trennung beschädigt würden (severed). In der Klausel sei siebzehn Fuss Breite angegeben, der Ort verlange vierzig Fuss.

Es sei populär, die Gesellschaft anzugreifen, doch man müsse sie schützen und nicht dem Emerald Hill gestatten, sie zu unbegrenzter Haftbarkeit zu bringen. —

Ein Streit der Gegner und Anhänger fand über die Bedeutung des Wortes „Crown" in dem Gesetz von 1856 statt. Die Gegner behaupteten, es bedeute den Governor-in-Council d. h. Executive Council, die Anhänger der Gesellschaft, die Britische Regierung. Die Bedeutung dieses scheinbar formellen Streites liegt darin, das im Excutive Council die parlamentarischen Vertreter des Emerald Hill sassen, und da nach dem Gesetz die Crown über verschiedene wichtige Fragen zu entscheiden hatte, befürchtete die Gesellschaft eine Schädigung ihrer Interessen.

Bei der Abstimmung über die Bill ergiebt sich eine Majorität für die Anhänger der Gesellschaft. — Dabei stimmen eine Anzahl Mitglieder des Council, die zugleich Aktionäre der Bahn sind, mit, die Abstimmung wird deshalb für ungültig erklärt; in der darauffolgenden ergiebt sich jedoch noch immer eine Majorität für die Bahn; die Bill fällt also.

Die Rolle, die der Legislative Council hier spielte, die des Vertreters der Interessen der Gesellschaft, hat er auch fernerhin bis zum Ankauf der Bahn durch den Staat behalten, während die Legislative Assembly auf der gegnerischen Seite war. —

Indessen gedieh die Bahn finanziell gut, die Zahl der Passagiere stieg beständig.[1])

Einen weiteren Anlass zur Vergrösserung der Bahn gab der Fall eines im Jahre 1857 gegründeten Unternehmens gleichfalls einer Vorstadtbahn, dessen Bill am 24. November Sanktion erhielt als An Act for the making and maintaining of the Melbourne and Suburban Railway.

5. The Melbourne and Suburban Railway Company.

In dem Gesetz dieser Gesellschaft war die Bestimmung, dass zwei Geleise gelegt werden sollten; da sie dies nicht kann, wird dasselbe im Jahre 1861 amendiert.[2])

---

[1]) 1861 wurden 428 426 einfache Billets, 623 075 Retourbillets und 9 408 Abonnementskarten ausgegeben und eine Einnahme von 47 121 £ 1s 5d erzielt. 155 770 tons befördert, die eine Einnahme an Gütern von 27 049 £ 13s 1d brachten; die Gesammteinnahme betrug 75 109 £ 1s 7d.

[2]) An Act to alter an Enactement respecting the opening with a double line of rails of the Melbourne and Suburban Railway and to substitute another provision in lieu thereof. 5. Juli 1861. C. XXI.

Die Verwaltung dieser Bahn war von Anfang an schlecht, sodass die Regierung in der Session 1861 gefragt wird, ob sie nicht eine Untersuchung anstellen lassen wolle; es sei nur eine Frage der Zeit, wann bei dem starken Verkehr (90 Züge täglich) ein Unglücksfall eintreten würde.

Bald darauf passiert ein solcher, bei dem 20 Personen verwundet werden. —

Die Regierung hat die Bahn zwar vor der Eröffnung inspizieren lassen, ist jedoch machtlos, etwas zu thun. Die bisherigen Bestimmungen gestatten dem Board of Land and Works nur, auf Bericht des Engineer-in-Chief hin, sich an den obersten Gerichtshof (Supreme Court) zu wenden, um für die Sicherheit Sorge zu tragen. —

Ebenso schlecht — ja man könnte wohl noch schärfere Ausdrücke anwenden — war die finanzielle Verwaltung. Bauunternehmer z. B. wurden in Aktien bezahlt, diese Zahlungen als Stammkapital betrachtet und daraufhin Geld geborgt. Die Höhe der ausgegebenen „bonds" betrug 115 300 Pf. St., ausserdem waren noch 75 871 £ 17 s 4 d andere Schulden; die Betriebskosten verschlangen die ganze Einnahme. —

Die Interessenten hielten es für gut, da, falls die Bahn Konkurs ansagen (vor den Insolvent Court gehen) würde, nur das Material und die Schienen verkauft werden könnten, vor das Parlament zu gehen und ein Verkaufsgesetz zu beantragen. Dieses ging schnell durch, erhielt am 19. März 1862 Sanktion als An Act to enable the Melbourne and Suburban Railway Company to sell their undertaking and property and for other purposes.

Viele hielten das Gesetz für nötig, da viele Gläubiger in England waren, und sie einen schädlichen Einfluss auf den Credit der Kolonie befürchteten.

46 000 Pfund Sterling wurde als Minimalpreis festgesetzt.

— Die Misswirthschaft und Verluste wurden von einem Redner bezeichnet als unausbleibliche Folgen der geringen Bekanntschaft der Kolonie mit dem Eisenbahnbau.

Als junges Land hätte man viel zu lernen und darum auch, wie man ökonomische und gewinnbringende Bahnen zu bauen habe.

Wie schon oben angedeutet worden ist, wurde die M. H. Gesellschaft Käuferin dieser Bahn. —

Einen weiteren und letzten Zuwachs erhielt sie durch den Fall einer anderen Vorstadtbahn, der St. Kilda and Brighton Railway Company. —

6. The St. Kilda and Brighton Railway Company.

Im Jahre 1853 taucht zum ersten Male das Projekt auf, kommt dann unter verschiedenen Namen 1854 wieder, endlich erhält es 1857 Sanktion als St. Kilda and Brighton Railway Company. Im Jahre 1861 erhielt die Gesellschaft Erlaubnis, die Bahn zu verlängern durch die Act „An Act to enable the St. Kilda etc. to extend their Railway to the Shore of port Philipp's Bay etc.

Die Gesellschaft befand sich bald in solch trostlosen finanziellen Verhältnissen, dass nur Verkauf etwas retten konnte. Im Jahre 1865 wurde zu diesem Zwecke eine Bill gebracht.

Ein Redner schob den grössten Teil der Schuld auf die M. H. Company, die diese Bahn zu nutzlosen Ausgaben gezwungen hätte. Das Gesetz ging durch als An Act to authorize the sale and purchase of the St. Kilda and Brighton Railway Company and for other purposes.

Im Jahre 1865 wurden alle die genannten Gesellschaften durch Gesetz zu einer einzigen, der Melbourne and Hobson's Bay United Railway Company verschmolzen. Die weiteren Schicksale dieser Vorstadtbahn, in welcher ganz im Gegensatze zu den ursprünglichen Erwartungen der Personenverkehr eine stets steigende Bedeutung erhält, sollen, wie oben gesagt, bei der Besprechung der Eisenbahnpolitik des Jahres 1878 mitgeteilt werden. Diese Bahn ist die einzige von Erfolg begleitete Privatbahn Victorias gewesen. —

7. The Geelong, Ballarat and North Western Railway Company.

Den im Jahre 1852 entstandenen Eisenbahnunternehmungen schloss sich im folgenden Jahre als vierte an die Unternehmung der Geelong, Ballarat and North Western Railway Company. Zweck derselben war, Geelong mit den Goldfeldern durch eine 48 Meilen lange Bahn zu verbinden, von da nach Swan Hill am Murray River. — In dem Prospekte wurde das Kapital zu einer Million Pfund Sterling angenommen in 50 000 shares à 20 Pfund Sterling. Als Deposit sollte ein Pfund Sterling per share dienen.

Eine Dividende von 26% wurde in Aussicht gestellt. Alexander Thompson ist der Hauptförderer des Unternehmens; im Juni 1853 fanden die ersten Versammlungen statt, ein Provisional Committee wurde eingesetzt und trat mit dem Gouverneur in Korrespondenz. Es fragte an, wieviel die Regierung zu den vorläufigen Ausgaben (preliminary expensses) beisteuern und wieviel Zinsgarantie sie auf das eine Million Pfund Sterling betragende Kapital geben wolle.

Die Antwort des Gouverneurs *La Trobe* lautete, dass er sich nicht binden könne; er wolle die Korrespondenz, Prospekte u. s. w. dem Legislative Council vorlegen.

Die Korrespondenz mit der Regierung zog sich bis in den Herbst 1854 hin; der neue Gouverneur *Hotham* weigerte sich, Zinsgarantie zu geben, während die Gesellschaft 5% verlangte.

Gleichzeitig hatte sich in England eine Konkurrenz-Gesellschaft gebildet, die Geelong, Ballarat, Portland Company (mit einem Kapital von 1 600 000 Pfund Sterling in 160 000 shares à 1 Pfund Sterling, wovon die Hälfte für die Kolonie reserviert bleiben sollte), die auf 21 Jahre 5% Zinsgarantie verlangte. —

Als die Bill der australischen Gesellschaft, welche im October 1854 gebracht wurde, beraten wurde, hatten erst 78 Personen Aktien gezeichnet, 1383 shares von 50 000 shares. Vor dem Ausschusse, der zur Beratung der Bill eingesetzt wurde, erklärte der Rechtsanwalt der Gesellschaft ärgerlich, dass ohne

Zinsgarantie das Unternehmen gegenwärtig nicht gedeihen könne, der Gouverneur habe anderen Gesellschaften Zinsgarantie gewährt, warum nicht dieser Gesellschaft? —

In der zweiten Lesung (1. Juni 1855) wurde, nachdem der Ausschuss Bericht erstattet hatte, die Bill mit 27 gegen 7 Stimmen abgelehnt.

Die Ursache dieser Ablehnung lag in dem kurz vorher gefassten Beschlusse,[1]) die Hauptbahnen Victorias von der Regierung bauen zu lassen.

Noch einmal hatte das Parlament sich mit der Gesellschaft zu befassen und zwar im Jahre 1860. Dieselbe verlangt nämlich Ersatz der Auslagen von 3586 £ 18 s 1 d, da die Linie unter Versprechungen der Gouverneure in Angriff genommen wurde, ebenso wie die G. M. Company 2000 Pf. St., die M. A. Company 5000 Pf. St. erhalten habe.

Es wurde ein Komitee eingesetzt; nachdem dieses berichtet hatte, wurde die Forderung abgelehnt.

Im Jahre 1857 kam eine Petition, dass die Regierung, da die Private Bill der Geelong-Ballarat Bahn zurückgezogen sei, den Bau in die Hand nehmen solle, um die Hoffnungen der Westdistrikte endlich zu erfüllen,[2]) sonst würden sie die Bahn aus Privatmitteln machen.

An anderer Stelle werden wir dann zu berichten haben, dass der Staat auf dieses Verlangen einging und die Bahn baute. —

8. The Sandhurst and Inglewood Tramway Company.

Ausser den genannten Bahnen sind einige kleine Tramways zu nennen, z. B. die Yan-Yean Tramway, welche im Jahre 1856 mit Holzschienen gelegt wurde und von der bereits 1862 mitgeteilt wurde, dass die Holzschienen und Schwellen verfault seien; ferner die Sandhurst and Inglewood Tramway.

---
[1]) Siehe nächstes Kapitel.
[2]) „The long deferred hopes and expectations."

Bei Beratung der Bill für diese Bahn, in welcher 28 000 Acker Buschlandes verlangt wurden für die 28 Meilen lange Bahn, erklärte der Minister, dass die Regierung das Prinzip der Hergabe von Land für Privatbahnen, die als Anschlussbahnen (feeders) an die Hauptbahnen dienen sollen, billige, es handle sich im speziellen Falle nur um das Wieviel.[1])

Diese Politik wurde von einigen unterstützt und der Wunsch nach Freigebigkeit von Seiten des Staates laut, von andern dagegen bekämpft, und zwar von denen, die behaupteten, dass es nur zu Bevorzugungen Einzelner führen würde, und von denen, die in der Hergabe von Land überhaupt ein Unrecht sahen.

Schliesslich wurde die Bestimmung angenommen, dass 24 000 Acker (18 000 nach Vollendung, der Rest 6000, wenn die Bahn zwei Jahre im Betrieb sei) der Gesellschaft gegeben werden sollen; wenn die Bahn sechs Monate lang nicht betrieben würde, solle sie an die Regierung fallen. Ferner wahrte sich die Regierung die Vollmacht, da das Land goldhaltig war, Goldgräbern das Recht des Betretens des Landes zu geben. —

Am 28. Juli 1865 erhielt das Gesetz die Sanktion als „An Act to incorporate a Company for the purpose of making, constructing and maintaining a Tramway or Railway between the Boroughs of Sandhurst and Inglewood to be called The Sandhurst and Inglewood Tramway Company".

Diese Bahn wurde jedoch nicht ausgeführt, von Einigen wurde später das Unternehmen als schwindelhafte Landspekulation bezeichnet, andere verteidigen die Unternehmer, die dabei selbst gelitten hätten, es sei kein Schwindel, sondern ein verfehltes Unternehmen „dead failure" gewesen. Diese Äusserungen

---

[1]) Die Kosten der Bahn waren auf 60 000 Pfd. St. angenommen, in 12 shares à 5 Pfd. St., wurden dann auf 70 000 Pfd. St. erhöht. davon waren 11 000 Eigentum von Bürgermeistern und Stadträten teils als Privatpersonen. Z. B. hatte der Mayor von Sandhurst 500 für sich, 5650 für den Ort. der von Inglewood 500 für sich, 1736 für den Ort. Da es jedoch ungesetzlich war, so entledigten sich die Orte bald ihrer Aktien (7800).

fallen bei Beratung einer Privatbahn von Ballarat nach Ballarook im Jahre 1867.

Auch diese Gesellschaft wollte Landschenkung, 21000 Acker, das Kapital sollte 80 000 Pfund Sterling betragen, die Bahn sollte den Zweck haben, Holz vom Ballarook Walde nach Ballarat und Geelong zu bringen. Auch hier wurde Widerspruch laut, besonders da das Land mehr wert war, als im Falle der Inglewood Gesellschaft. Die Bill ging in zweiter Lesung durch; doch auch diese Bahn blieb Projekt.

Um von einer nicht dem öffentlichen Verkehr dienenden Bahn, der Cape Paterson Bahn, abzusehen, welche dem Kohlentransport diente, bleibt als letzte Privatbahn zu erwähnen die Melbourne and Essendon Railway Company.

9. The Melbourne and Essendon Railway Company.

Sie hat am längsten von allen Privatbahnen ausser der M. H. Gesellschaft bestanden, neun Jahre lang, aber es war ein klägliches Dasein. —

Ende des Jahres 1858 wurde die Bill für die Bahn gebracht, welche mit einem Kapital von 75 000 Pfund Sterling gebaut werden sollte. Die Gesellschaft wollte keinen eigenen Fuhrpark haben, sondern den der Regierung benutzen. Am 24. Februar 1859 erhielt die Bill Sanktion als An Act to authorize the making of the Melbourne and Essendon Railway and for other Purposes (LXXXV).

Im Jahre 1861 wurde der Gesellschaft gestattet, eine Zweigbahn anzulegen.[1])

Schon im folgenden Jahre berichtete der Engineer-in-Chief, dass die Bahn durch und durch untauglich und theilweise gefährlich sei. Es seien schlechte Brücken und Stationen da, überhaupt falsche Oekonomie angewandt, eine Reparatur würde 9800 Pf. St. kosten. Es sei wünschenswert, die Bahn

---

[1]) An act to authorize the Melbourne and Essendon Railway Company to make a Branch Railway in the Race Course and for other purposes. 3. Juli 1861. CXXVI. — Die Bahn war 4 Meilen 60 chains lang.

des Viehtransportes wegen anzukaufen, doch da der Verkehr sehr gering sei, so dass die Betriebskosten 60 Prozent ausmachen würden, sollte der Wert auf 26 466 Pf. St. berechnet werden. Am Ende des Jahres schreibt er wieder, dass die Bahn keinen Wert ausser dem in ihr enthaltenen Material habe und 26 400 Pf. St. dafür genug seien. Eine im März 1863 dem Parlament vorgelegte Petition hatte die Einsetzung eines Komitees zur Folge, welches die Frage des Viehtransportes untersuchen sollte. Es berichtete, das mit der Essendon Bahn Arrangements getroffen oder die Bahn angekauft werden sollte, da voraussichtlich der Viehtransport der bedeutendste Zweig des Transportes nach Melbourne nach Vollendung der Bahnen werden würde.

Daraufhin fand eine längere Korrespondenz zwischen der Regierung und der Gesellschaft statt, wegen Ankaufs der Bahn durch den Staat. Letztere verlangte zunächst Berechnung des Wertes unter Zugrundlegung der Baukosten u. s. w., doch als die Regierung sich darauf nicht einliess, sondern nur den gegenwärtigen Wert zu Grunde gelegt haben wollte, gab sie nach und bot die Bahn zu 30 000 Pfund Sterling an. Der Verkehr war indessen geschlossen worden, worauf eine Petition eingereicht wurde, dass die Bahn wieder in Betrieb gesetzt werden solle.

Auf eine Anfrage theilte die Regierung mit, dass Verhandlungen schwebten und dem Parlamente bald Gelegenheit gegeben werden solle, in der Sache zu entscheiden (21. Juni 1865).

Doch erst im Jahre 1867 kam die Frage des Ankaufs zur Verhandlung. Die Regierung beantragte, die Bahn zu 25 000 Pfund Sterling kaufen zu dürfen; nachdem sie von gegnerischer Seite ironisch gefragt war, ob dies die versprochene Ausdehnung des Eisenbahnnetzes sei, oder ob ein „embarras de richesse" vorhanden sei, wurde sie schliesslich (8. August 1867) beauftragt, die Bahn zu einem Preise von höchstens 22 500 Pfund Sterling anzukaufen und für den Verkehr zu öffnen.

Daraufhin schloss die Regierung mit der Gesellschaft den Kauf zu dem Preise von 22 500 Pfund Sterling ab, und im Jahre 1868 wurde das Gesetz erlassen: An Act to vest the lines of Railway of the Melbourne and Essendon Railway Company in the Board of Land and Works and for other purposes (29. September 1868). —

Seit dem Falle dieser Bahn hat keine Aktiengesellschaft je wieder den Bau einer Eisenbahn in Victoria unternommen.[1] —

Ehe wir das Kapitel abschliessen, sei ein Auszug aus einem Schriftstück mitgeteilt, welches der Ingenieur Pollard dem Select Committee on Railway Extension (Session 1864/65) überreichte unter dem Titel „Die Privatunternehmung im Eisenbahnbau".[2]

Nachdem er sich zunächst gegen die Privatunternehmung im Eisenbahnbau im allgemeinen gewandt[3] hat, fährt er fort: „Die in Victoria gemachten Erfahrungen rechtfertigen alle meine Ausführungen über Privatunternehmungen."

Man brauche blos auf die schlechte Verwaltung und den Untergang den Geelong and Melbourne Gesellschaft zu

---

[1] Nur Privatbahnen, die nicht dem öffentlichen Verkehr dienen, wurden noch konzessionirt, z. B. im Jahre 1871 durch das Gesetz: An Act to authorize the Western Post Coal Mining Company to construct a Tramway or Railway and to take and purchase certain lands for that purpose. 23. Nov. 1871.

[2] 8. Private Enterprise in Railway Construction.

[3] Seine Ausführungen lauten: „I think private enterprise in Railway construction most pernicious to the best interests of this country. — Private enterprise is a slow coach; it is an expensive means of doing bad work; and I am afraid would prove, as it ever has proved a broken reed to rest on. It pays more for capital; it cannot or at any rate it does not accomodate the public as cheaply as the Government; it is always breaking faith with the State; and what is worse than all it misdirects the capital which should be employed in other channels than in constructing the national highways which ought always to be in the hands of and under the complete control of the ruling power."

blicken, die in höchst thörichter Weise zur Rettung der Aktionäre durch den Staat angekauft wurde.

Die Suburban Railway habe alles Kapital der Aktionäre verschlungen und gleichfalls Bankerott gemacht, ebenso die Brighton Bahn; und die Essendon Bahn sei in keiner besseren Lage. Ausserordentliche Umstände trafen zusammen, die kleine Hobson's Bay Bahn vor dem Schicksal der anderen Bahnen auszunehmen, doch auch sie musste mit Landschenkung und anderen Vorteilen ausgestattet werden von so grossem Werte, dass die Regierung davon selbst eine eigene Bahn bauen könnte.

Einige der gebauten Linien waren ganz wertlos und mussten umgebaut werden, z. B. die von Geelong nach Melbourne. Selbst die Hobson's-Bay Bahn musste von einem Ende zum andern neu gemacht werden; nicht eine einzige Schiene sei noch dieselbe mit Ausnahme vielleicht am Pier; eine Brücke sei verschwunden und dafür eine andere gebaut, die nicht den Beistand eines „unermüdlichen Town Clerk von Melbourne" nöthig habe, um den Zug um eine absurde Kurve herumzustossen.

Auch sei nicht sparsam verfahren; er selbst z. B. habe 700 Pfund Sterling für eine Arbeit erhalten, die er für 150 Pfund Sterling habe anfertigen lassen u. s. w.

„Es ist hier nicht der Ort, eine Geschichte der ursprünglichen Misswirtschaft der Bahn zu geben, der Grund, weshalb ich diese Thatsache erwähne, ist, dass einige Leute, die mit der Angelegenheit zu thun hatten, jetzt von der Extravaganz der Staatsbahnen reden und besonders Einer sich eine besondere Aufgabe daraus gemacht hat, die Regierungsbeamten herunter zu machen.[1])

---

[1]) „This is not the place to give a history of the original misdirection of the line, my reason for mentioning the above cases is, that some people who had a finger in this abominable pie now talk about the extravagance of the Government railways, and one at least*) has made it his especial business to traduce the Government railway officers." — *) Gemeint ist der Abgeordnete Mr. *Zeal*.

Fassen wir die Ergebnisse, welche die Betrachtung der Geschichte der Privatbahnen Victorias liefert, kurz zusammen, so haben wir zunächst gesehen, dass die Verschiedenheit der Verhältnisse in den Kolonien eine Nachahmung der Eisenbahnpolitik des Mutterlandes unmöglich machte.

Sich selbst überlassen und auf eigene Kraft angewiesen, konnte in Victoria keine Privatbahn gedeihen.

Doch selbst mit einer Unterstützung durch den Staat innerhalb der durch eine weise Politik gezogenen Grenzen, welche die Gesammtinteressen im Auge behielt und nicht zuliess, dass der Eisenbahnbau nur ein Vorwand für Landspekulationen wurde, waren Eisenbahnunternehmungen von grösserem Umfange nicht lebensfähig.

Für die Kolonie Victoria war es also in der beschriebenen Zeit unmöglich, ein Eisenbahnnetz zu schaffen, wenn es die Gesetzgebung in England sich zum Muster nehmen und der Thätigkeit von Aktiengesellschaften den Bau von Eisenbahnen überlassen wollte.

Vita.

Am 15. April 1865 wurde ich in Posen geboren und besuchte 1874—1884 das Friedrich-Wilhelms-Gymnasium daselbst. Mit dem Maturitätszeugnis entlassen, studierte ich in Leipzig, Bonn, Heidelberg und Göttingen erst Naturwissenschaft, dann Nationalökonomie. Ich hörte in Leipzig die Herren Professor Dr. *Roscher* und Privatdozent Dr. *Warschauer*, in Göttingen die Herren Professoren *Cohn* und *Lexis*, deren volkswirtschaftliche und statistische Seminare ich besuchte. — Ausserdem arbeitete ich in den historischen Seminaren der Herren Professoren v. *Kluckhuhn* und *Weiland* und hörte Vorlesungen über Philosophie bei den Herren Professoren *Wundt* in Leipzig, *Baumann, Müller* in Göttingen.

Allen diesen Herren spreche ich hiermit für das mir stets bewiesene Wohlwollen meinen herzlichsten Dank aus, ganz besonders aber meinem hochverehrten Lehrer, Herrn Professor Dr. *Gustav Cohn*, für die Anregung und Unterstützung bei meinen nationalökonomischen Studien.